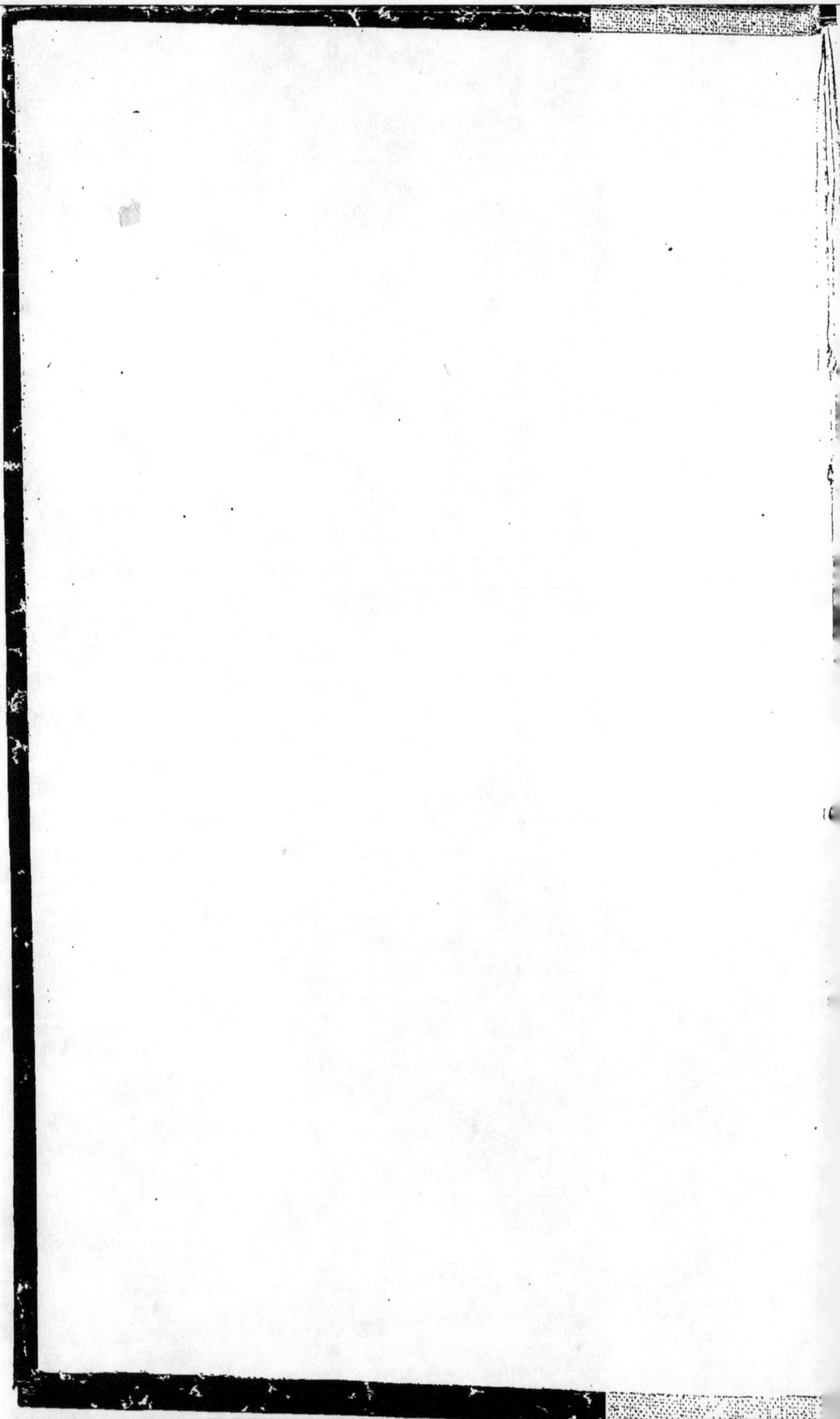

LES

AUTEURS GRECS

EXPLIQUÉS D'APRÈS UNE MÉTHODE NOUVELLE

PAR DEUX TRADUCTIONS FRANÇAISES

Cet ouvrage a été expliqué littéralement et annoté par M. Sommer, agrégé des classes supérieures, docteur ès lettres, et traduit en français par M. E. Talbot, professeur de rhétorique au collége Rollin.

Paris. — Imprimerie de Ch. Lahure, rue de Fleurus, 9.

LES
AUTEURS GRECS

EXPLIQUÉS D'APRÈS UNE MÉTHODE NOUVELLE

PAR DEUX TRADUCTIONS FRANÇAISES

L'UNE LITTÉRALE ET JUXTALINÉAIRE PRÉSENTANT LE MOT A MOT FRANÇAIS
EN REGARD DES MOTS GRECS CORRESPONDANTS
L'AUTRE CORRECTE ET PRECÉDÉE DU TEXTE GREC

avec des sommaires et des notes

PAR UNE SOCIÉTÉ DE PROFESSEURS
ET D'HELLÉNISTES

PLUTARQUE

VIE DE THÉMISTOCLE

PARIS

LIBRAIRIE DE L. HACHETTE ET Cie

BOULEVARD SAINT-GERMAIN, N° 77

1864

AVIS

RELATIF A LA TRADUCTION JUXTALINÉAIRE.

On a réuni par des traits les mots français qui traduisent un seul mot grec.

On a imprimé en *italique* les mots qu'il était nécessaire d'ajouter pour rendre intelligible la traduction littérale, et qui n'avaient pas leur équivalent dans le grec.

Enfin, les mots placés entre parenthèses doivent être considérés comme une seconde explication, plus intelligible que la version littérale.

ARGUMENT ANALYTIQUE

DE LA VIE DE THÉMISTOCLE.

IX. Nouvelle du combat des Termopyles. Thémistocle fait un appel aux Ioniens. Succès de Xerxès. Abandon des Athéniens.

X. Patriotisme ingénieux de Thémistocle. Le dragon de Minerve. Explication de l'oracle et des murailles de bois. La ville mise sous la garde de Minerve. Les femmes et les enfants transportés à Trézène. Décret de Nicagoras. Départ des Athéniens pour Salamine. Le chien de Xanthippe.

XI. Thémistocle fait rappeler les citoyens bannis. Sa belle conduite avec Eurybiade.

XII. Présage favorable aux Athéniens. Nouvelle terreur des Grecs. Ruse de Thémistocle. Belle conduite d'Aristide.

XIII. Dispositions prises pour la bataille. Présomption de Xerxès. Présages favorables aux Grecs. Sacrifice de prisonniers perses à Bacchus Omestès.

XIV. Nombre des vaisseaux des Perses et des Grecs à Salamine. Témoignage d'Eschyle. Avantage de la position de Thémistocle.

XV. Prodiges qui signalent la bataille. Succès de l'Athénien Lycomède. Victoire des Grecs.

XVI. Projets de Xerxès après la bataille. Sage conduite de Thémistocle et d'Aristide. Avis qu'ils font donner à Xerxès. Xerxès repasse l'Hellespont. Conséquences avantageuses de cette conduite de Thémistocle et d'Aristide.

XVII. Témoignages de reconnaissance envers les vainqueurs de Salamine. Honneurs rendus à Thémistocle et à Eurybiade.

XVIII. Passion de Thémistocle pour la gloire. Ses bons mots à ce sujet.

XIX. Reconstruction des murs d'Athènes, malgré Sparte. Fortification du Pirée. Développement du goût maritime chez les Athéniens. Ses dangers.

XX. Projet extraordinaire de Thémistocle. Il en fait part à Aristide. Les Athéniens lui ordonnent d'y renoncer. Thémistocle encourt la haine des Lacédémoniens à propos des conseils amphictyoniques.

XXI. Thémistocle devient odieux aux alliés. Affaire d'Andros. Sarcasmes de Timocréon de Rhodes.

XXII. Le peuple s'irrite chaque jour davantage contre Thémistocle. Temple de Diane Aristobule. Statuette de Thémistocle. Il est condamné par le ban de l'ostracisme. Quel était ce ban.

XXIII. Conspiration de Pausanias banni de Sparte. Thémistocle refuse d'entrer en relation avec lui. Mort de Pausanias. Calomnies contre Thémistocle. Il essaye de les réfuter. On envoie des gens pour l'arrêter à Argos.

XXIV. Thémistocle s'enfuit à Corcyre et de là en Épire chez Admète, roi des Molosses. Supplication singulière dont il use auprès du roi. Épicrate d'Acharné lui envoie sa femme et ses enfants. Récit de Stésimbrote.

XXV. Invraisemblance du récit de Stésimbrote. Thémistocle s'embarque à Pydna, et, après de grands obstacles, fait voile pour l'Asie. Ses amis lui envoient une partie de ses biens.

XXVI. Danger que Thémistocle court à Cymé. Il s'enfuit à Æges, auprès de Nicogène. Songe de Thémistocle. On le transporte dans un chariot auprès du roi de Perse.

XXVII. Traditions diverses sur l'entrevue de Thémistocle et de Xerxès. Discours d'Artaban et de Thémistocle.

XXVIII. Entrevue de Thémistocle et du roi. Grande joie de ce dernier.

XXIX. Craintes de Thémistocle. Libéralité du roi. Jalousie des grands. Thémistocle réconcilie avec le roi le Lacédémonien Démarate. Nouvelles générosités du roi. Mot de Thémistocle à ses enfants.

XXX. Épixyès cherche à faire assassiner Thémistocle. Il est sauvé par une apparition merveilleuse. Il consacre au culte de Cybèle sa fille Mnésiptoléma.

XXXI. Voyage de Thémistocle à Sardes. Anecdote de l'hydrophore. Thémistocle se fixe à Magnésie. Il refuse au roi de marcher contre les Grecs et se donne la mort.

XXXII. Postérité de Thémistocle. Son tombeau à Magnésie. Réfutation d'Andocide et de Phylarque. Conjecture de Diodore le Périégète. Vers de Platon le comique. Thémistocle l'Athénien, descendant du grand Thémistocle, ami d'école de Plutarque.

ΠΛΟΥΤΑΡΧΟΥ

ΒΙΟΣ ΘΕΜΙΣΤΟΚΛΕΟΥΣ.

I. Θεμιστοκλεῖ δὲ τὰ μὲν ἐκ γένους ἀμαυρότερα πρὸς δόξαν
ὑπῆρχε · πατρὸς γὰρ ἦν Νεοκλέους οὐ τῶν ἄγαν ἐπιφανῶν Ἀθήνησι, Φρεαρρίου τῶν δήμων[1] ἐκ τῆς Λεοντίδος φυλῆς· νόθος δὲ
πρὸς μητρός[2], ὡς λέγουσιν·

> Ἀβρότονον Θρῇσσα γυνὴ γένος· ἀλλὰ τεκέσθαι
> τὸν μέγαν Ἕλλησιν φημὶ Θεμιστοκλέα[3].

Φανίας[4] μέντοι τὴν μητέρα Θεμιστοκλέους οὐ Θρᾷτταν, ἀλλὰ
Καρίνην, οὐδ' Ἀβρότονον ὄνομα, ἀλλ' Εὐτέρπην ἀναγράφει·
Νεάνθης[5] δὲ καὶ πόλιν αὐτῇ τῆς Καρίας Ἁλικαρνασσὸν προστί-
θησι. Διὸ καὶ τῶν νόθων εἰς Κυνόσαργες συντελούντων (τοῦτο

1. Thémistocle était d'une naissance trop obscure pour qu'elle
servît à sa gloire. Son père Néoclès, homme d'une condition médiocre, était d'Athènes, du bourg de Phréarres, de la tribu Léontide. Du côté de sa mère il était bâtard, comme il est dit dans
ces vers :

> Je suis Abrotonum : la Thrace est ma patrie
> Mais j'ai donné le jour, et je m'en glorifie,
> A Thémistocle, un Grec, l'honneur de son pays.

Cependant Phanias rapporte que la mère de Thémistocle n'était
pas Thrace, mais Carienne, et qu'elle ne se nommait pas Abrotonum, mais Euterpe. Néanthès ajoute qu'elle était d'Halicarnasse
en Carie. Comme les bâtards s'assemblaient aux Cynosarges (c'est

PLUTARQUE.

VIE DE THÉMISTOCLE.

I. Θεμιστοκλεῖ δὲ
τὰ μὲν ἐκ γένους
ὑπῆρχεν ἀμαυρότερα
πρὸς δόξαν·
ἦν γὰρ
πατρὸς Νεοκλέους,
οὐ τῶν ἄγαν ἐπιφανῶν
Ἀθήνησι,
Φρεαρρίου τῶν δήμων,
ἐκ τῆς φυλῆς Λεοντίδος·
νόθος δὲ
πρὸς μητρός,
ὡς λέγουσιν·
« Ἀβρότονον
γυνὴ Θρῇσσα γένος·
ἀλλὰ φημὶ
τεκέσθαι Ἕλλησι
τὸν μέγαν Θεμιστοκλέα. »
Φανίας μέντοι ἀναγράφει
τὴν μητέρα Θεμιστοκλέους
οὐ Θρᾷτταν, ἀλλὰ Καρίνην,
οὐδὲ Ἀβρότονον ὄνομα,
ἀλ..α Εὐτέρπην·
Νεάνθης δὲ
προστίθησι καὶ πόλιν αὐτῇ
Ἁλικαρνασσὸν τῆς Καρίας.
Διὸ καὶ τῶν νόθων
συντελούντων
εἰς Κυνόσαργες

I. A Thémistocle d'autre-part
les choses du-côté-de la naissance
étaient plus faibles
par-rapport-à la gloire :
car il était *fils*
d'un père *nommé* Néoclès
non des trop illustres
à Athènes,   [dème de Phréarres),
de Phréarres d'entre les dèmes (du
de la tribu Léontide;
et *il était* illégitime
du-côté-de *sa* mère,
comme on dit :
« *Je suis* Abrotonum
femme thrace de race ;
mais je dis *avec orgueil*
avoir enfanté aux Grecs
le grand Thémistocle. »
Phanias cependant écrit
la mère de Thémistocle
non pas Thrace, mais Carienne,
ni Abrotonum de nom,
mais Euterpe;
et Néanthès
ajoute aussi *pour* ville à elle
Halicarnasse de Carie.
C'est-pourquoi aussi les illégitimes
se-réunissant-d'habitude
aux Cynosarges

δ' ἔστιν ἔξω πυλῶν γυμνάσιον Ἡρακλέους, ἐπεὶ κἀκεῖνος οὐκ ἦν
γνήσιος ἐν θεοῖς, ἀλλ' ἐνείχετο νοθείᾳ διὰ τὴν μητέρα θνητὴν
οὖσαν), ἔπειθέ τινας ὁ Θεμιστοκλῆς τῶν εὖ γεγονότων νεανίσκων, καταβαίνοντας εἰς Κυνόσαργες ἀλείφεσθαι μετ' αὐτοῦ·
καὶ τούτου γενομένου, δοκεῖ πανούργως τὸν τῶν νόθων καὶ
γνησίων διορισμὸν ἀνελεῖν. Ὅτι μέντοι τοῦ Λυκομηδῶν [1] γένους
μετεῖχε, δῆλός ἐστι· τὸ γὰρ Φλυῆσι [2] τελεστήριον, ὅπερ ἦν Λυκομηδῶν κοινὸν, ἐμπρησθὲν ὑπὸ τῶν βαρβάρων, αὐτὸς ἐπεσκεύασε καὶ γραφαῖς ἐκόσμησεν, ὡς Σιμωνίδης ἱστόρηκεν.

II. Ἔτι δὲ παῖς ὢν ὁμολογεῖται φορᾶς μεστὸς εἶναι, καὶ τῇ
μὲν φύσει συνετὸς, τῇ προαιρέσει δὲ μεγαλοπράγμων καὶ πολιτικός. Ἐν γὰρ ταῖς ἀνέσεσι καὶ σχολαῖς ἀπὸ τῶν μαθημάτων
γενόμενος οὐκ ἔπαιζεν, οὐδ' ἐρρᾳθύμει, καθάπερ οἱ λοιποὶ παῖδες, ἀλλ' εὑρίσκετο λόγους τινὰς μελετῶν καὶ συνταττόμενος

un gymnase situé hors des portes et consacré à Hercule, qui
n'était pas un dieu légitime, mais entaché de bâtardise, sa mère
ayant été mortelle), Thémistocle persuada à quelques jeunes gens de
noble maison de descendre avec lui aux Cynosarges et de s'y
frotter d'huile. Ils le firent, et ce stratagème abolit, dit-on, la
distinction entre les bâtards et les vrais citoyens. Quant à sa pa-
renté avec la famille des Lycomèdes, c'est un fait certain. L'édicule
des Lycomèdes, qui est à Phlye, ayant été brûlé par les barbares,
Thémistocle le rebâtit et l'orna de peintures, au dire de Simonide.

II. Encore tout enfant, il fut, assure-t-on, plein d'ardeur, d'une
nature réfléchie, porté de préférence aux grandes choses et à la
politique. Durant les récréations et les loisirs de ses premières
études, jamais il ne jouait ni ne demeurait oisif comme les autres
enfants; on le trouvait déclamant et composant des discours à

(τοῦτο δὲ ἔστι γυμνάσιον · (or c'est un gymnase

ἔξω πυλῶν · hors des portes

Ἡρακλέους, · consacré à Hercule,

ἐπεὶ καὶ ἐκεῖνος · parce que aussi celui-là

οὐκ ἦν γήσιος ἐν θεοῖς, · n'était pas légitime parmi les dieux,

ἀλλὰ ἐνείχετο νοθείᾳ · mais était entaché d'illégitimité

διὰ τὴν μητέρα · à-cause-de sa mère

οὖσαν θνητήν), · qui était mortelle),

ὁ Θεμιστοκλῆς · Thémistocle

ἔπειθέ τινας · persuada à quelques-uns

τῶν νεανίσκων εὖ γεγονότων, · des jeunes-gens bien nés,

καταβαίνοντας εἰς Κυνόσαργες · descendant aux Cynosarges

ἀλείφεσθαι μετὰ αὐτοῦ · · de se frotter d'huile avec lui ;

καὶ τούτου γενομένου, · et cela s'étant fait,

δοκεῖ ἀνελεῖν πανούργως · il paraît avoir enlevé habilement

τὸν διορισμὸν · la distinction

τῶν νόθων καὶ γνησίων. · des illégitimes et légitimes.

Ὅτι μέντοι μετεῖχε · Que toutefois il participait (tenait)

τοῦ γένους Λυκομηδῶν, · à la race des Lycomèdes,

ἔστι δῆλος · · il (cela) est évident ;

αὐτὸς γὰρ ἐπεσκεύασε · car lui-même rebâtit

καὶ ἐκόσμησε γραφαῖς · et orna de peintures

τὸ τελεστήριον Φλυῆσι, · la chapelle à Phlyes,

ὅπερ ἦν κοινὸν Λυκομηδῶν, · qui était commune aux Lycomèdes,

ἐμπρησθὲν ὑπὸ τῶν βαρβάρων, · brûlée par les barbares,

ὡς Σιμωνίδης ἱστόρηκεν. · comme Simonide l'a raconté.

II. Ὢν δὲ ἔτι παῖς · II. Et étant encore enfant

ὁμολογεῖται εἶναι · il est reconnu être (on convient

μεστὸς φορᾶς, · plein d'ardeur, [qu'il était)

καὶ συνετὸς μὲν τῇ φύσει, · et réfléchi à la vérité par nature,

τῇ δὲ προαιρέσει · mais par prédilection

μεγαλοπράγμων · aimant-les-grandes-choses

καὶ πολιτικός. · et politique.

Ἐν γὰρ ταῖς ἀνέσεσι · Car dans les récréations

καὶ σχολαῖς · et les loisirs

γενόμενος ἀπὸ τῶν μαθημάτων · étant à-l'écart des études

οὐκ ἔπαιζεν, · il ne jouait pas,

οὐδὲ ἐρρᾳθύμει, · et ne restait-pas-indolent,

καθάπερ οἱ λοιποὶ παῖδες, · comme le reste-des-enfants,

ἀλλὰ εὑρίσκετο · mais il était trouvé

πρὸς ἑαυτόν. Ἦσαν δ' οἱ λόγοι κατηγορία τινὸς ἢ συνηγορία
τῶν παίδων. Ὅθεν εἰώθει λέγειν ὁ διδάσκαλος, ὡς « Οὐδὲν
ἔσῃ, παῖ, σὺ μικρόν, ἀλλὰ μέγα πάντως ἀγαθὸν, ἢ κακόν. »
Ἐπεὶ καὶ τῶν παιδεύσεων τὰς μὲν ἠθοποιοὺς, ἢ πρὸς ἡδονήν
τινα καὶ χάριν ἐλευθέριον σπουδαζομένας, ὀκνηρῶς καὶ ἀπροθύμως ἐξεμάνθανε, τῶν δ' εἰς σύνεσιν ἢ πρᾶξιν λεγομένων δῆλος
ἦν οὐχ ὑπερορῶν παρ' ἡλικίαν, ὡς τῇ φύσει πιστεύων. Ὅθεν
ὕστερον ἐν ταῖς ἐλευθερίαις καὶ ἀστείαις λεγομέναις διατριβαῖς
ὑπὸ τῶν πεπαιδεῦσθαι δοκούντων χλευαζόμενος, ἠναγκάζετο
φορτικώτερον ἀμύνεσθαι, λέγων, ὅτι λύραν μὲν ἁρμόσασθαι καὶ
μεταχειρίσασθαι ψαλτήριον οὐκ ἐπίσταται, πόλιν δὲ μικρὰν καὶ

part lui : c'était l'accusation ou la défense de quelqu'un de ses ca-
marades. Aussi le maître avait-il l'habitude de lui dire : « Tu ne
seras rien de médiocre, mon garçon, tu seras ou tout bon ou tout
mauvais. » En effet, les sciences exclusivement morales, les arts
qui ne procurent que de l'agrément ou de la bonne grâce, il s'y
appliquait froidement et sans passion. Mais tout ce qui avait trait
à l'intelligence ou à la pratique des affaires, on le voyait y prendre
un intérêt au-dessus de son âge : il avait foi dans sa nature. Aussi,
raillé plus tard par des gens qui semblaient versés dans ces occupations dites libérales et élégantes, il fut contraint de leur ré-
pondre, avec un peu d'impertinence, qu'il ne savait ni accorder
une lyre, ni jouer du luth, mais que, si on lui donnait une ville

μελετῶν — essayant
καὶ συντασσόμενος πρὸς ἑαυτὸν — et arrangeant vis-à-vis de lui-mêm
τινὰς λόγους. — quelques discours. [(à part lui)
Οἱ δὲ λόγοι ἦσαν — Or ces discours étaient
κατηγορία ἢ συνηγορία — une accusation ou une défense
τινὸς τῶν παίδων. — de quelqu'un des enfants.
Ὅθεν ὁ διδάσκαλος — D'où (c'est pourquoi) le maître
εἰώθει λέγειν ὡς — avait coutume de dire que
« Σὺ, παῖ, — « Toi, enfant,
ἔσῃ οὐδὲν μικρὸν, — tu ne seras rien de petit,
ἀλλὰ πάντως — mais de–toute–façon
μέγα — quelque chose de grand
ἀγαθὸν ἢ κακόν. » — bon ou mauvais. »
Ἐπεὶ καὶ ἐξεμάνθανε μὲν — En effet aussi il apprenait
ὀκνηρῶς καὶ ἀπροθύμως — nonchalamment et sans-ardeur
τῶν παιδεύσεων — parmi les sciences
τὰς ἠθοποιοὺς, — celles qui–forment–les–mœurs,
ἢ σπουδαζομένας — ou qui sont recherchées
πρός τινα ἡδονὴν — en-vue-de quelque plaisir
ἢ χάριν ἐλευθέριον, — ou bonne-grâce libérale,
ἦν δὲ δῆλος — mais il était visible
οὐχ ὑπερορῶν — ne dédaignant point (aimant)
παρὰ ἡλικίαν — au-dessus de son âge
τῶν λεγομένων — les choses qui se disaient
εἰς σύνεσιν καὶ πρᾶξιν, — pour l'intelligence et la pratique,
ὡς πιστεύων τῇ φύσει. — comme ayant-foi en sa nature.
Ὅθεν ὕστερον — D'où (c'est pourquoi) plus tard
ἐν ταῖς διατριβαῖς — dans les occupations
λεγομέναις ἐλευθερίαις — dites libérales
καὶ ἀστείαις, — et élégantes,
χλευαζόμενος — étant raillé
ὑπὸ τῶν δοκούντων — par ceux qui semblaient
πεπαιδεῦσθαι, — y avoir été instruits,
ἠναγκάζετο — il était forcé
ἀμύνεσθαι φορτικώτερον, — de se défendre avec-un-peu-d'inso-
ὅτι οὐκ ἐπίσταται μὲν — qu'il ne sait pas à la vérité lence,
ἁρμόσασθαι λύραν — accorder une lyre
καὶ μεταχειρίσασθαι ψαλτήριον, — et manier un luth,
παραλαβὼν δὲ πόλιν — mais ayant reçu une ville
μικρὰν καὶ ἄδοξον — petite et obscure

ἄδοξον παραλαβὼν, ἔνδοξον καὶ μεγάλην ἀπεργάσασθαι. Καίτοι Στησίμβροτος[1] Ἀναξαγόρου[2] τε διακοῦσαι τὸν Θεμιστοκλέα φησὶ καὶ περὶ Μέλισσον[3] σπουδάσαι τὸν φυσικόν, οὐκ εὖ τῶν χρόνων ἁπτόμενος· Περικλεῖ γὰρ, ὃς πολὺ νεώτερος ἦν Θεμιστοκλέους, Μέλισσος μὲν ἀντεστρατήγει πολιορκοῦντι Σαμίους, Ἀναξαγόρας δὲ συνδιέτριβε. Μᾶλλον οὖν ἄν τις προσέχοι τοῖς Μνησιφίλου τὸν Θεμιστοκλέα τοῦ Φρεαῤῥίου ζηλωτὴν γενέσθαι λέγουσιν, οὔτε ῥήτορος ὄντος, οὔτε τῶν φυσικῶν κληθέντων φιλοσόφων[4], ἀλλὰ τὴν τότε καλουμένην σοφίαν, οὖσαν δὲ δεινότητα πολιτικὴν καὶ δραστήριον σύνεσιν, ἐπιτήδευμα πεποιημένου καὶ διασώζοντος ὥσπερ αἵρεσιν ἐκ διαδοχῆς ἀπὸ Σόλωνος· ἣν οἱ μετὰ ταῦτα δικανικαῖς μίξαντες τέχναις, καὶ μεταγαγόντες ἀπὸ τῶν πράξεων τὴν ἄσκησιν ἐπὶ τοὺς λόγους, σοφισταὶ προσηγορεύθησαν. Τούτῳ μὲν οὖν ἤδη πολιτευόμενος ἐπλησίαζεν. Ἐν δὲ ταῖς πρώταις

petite et sans gloire, il la rendrait glorieuse et grande. Cependant Stésimbrote prétend que Thémistocle entendit Anaxagore et fut disciple de Mélissus le physicien. Mais les temps ne concordent point. Mélissus défendit Samos contre Périclès, qui est de beaucoup postérieur à Thémistocle, et Anaxagore vivait dans son intimité. Il vaut donc mieux croire ceux qui font de Thémistocle un disciple assidu de Mnésiphile le Phréarrien. Ce n'était ni un rhéteur, ni un de ces philosophes qu'on nomme physiciens, mais il professait ce qu'on appelait la sagesse, c'est-à-dire l'art de gouverner et l'intelligence pratique des affaires : espèce de système qui s'était conservé et transmis comme dans une école depuis Solon. A ces doctrines on mêla dans la suite l'art de la controverse : on passa des affaires aux discours, et les maîtres du genre furent appelés sophistes. Thémistocle était entré déjà dans la carrière politique, quand il s'attacha à Mnésiphile. Dans la première fougue

ἀπεργάσασθαι ἔνδοξον	la rendre glorieuse
καὶ μεγάλην.	et grande.
Καίτοι Στησίμβροτος	Pourtant Stésimbrote
φησὶ τὸν Θεμιστοκλέα	dit Thémistocle
διακοῦσαί τε Ἀναξαγόρου	et avoir écouté Anaxagore
καὶ σπουδάσαι	et s'être empressé
περὶ Μέλισσον τὸν φυσικόν,	autour de Mélissus le physicien,
οὐχ ἁπτόμενος εὖ τῶν χρόνων·	ne touchant pas bien les époques;
Μέλισσος μὲν γὰρ	car Mélissus
ἀντεστρατήγει Περικλεῖ	commandait-contre Périclès
πολιορκοῦντι Σαμίους,	assiégeant les Samiens,
ὃς ἦν πολὺ νεώτερος	lequel Périclès était beaucoup plus
Θεμιστοκλέους,	que Thémistocle, [jeune
Ἀναξαγόρας δὲ συνδιέτριβε.	et Anaxagore vivait-avec lui.
Τίς ἂν οὖν προσέχοι	On ferait donc attention (on croirait
μᾶλλον	mieux (avec plus de raison) [donc]
τοῖς λέγουσι τὸν Θεμιστοκλέα	à ceux qui disent Thémistocle
γενέσθαι ζηλωτὴν	avoir été disciple-assidu
Μνησιφίλου τοῦ Φρεαρρίου,	de Mnésiphile de-Phréarres,
ὄντος οὔτε ῥήτορος,	n'étant ni rhéteur,
οὔτε τῶν φιλοσόφων	ni un des philosophes
κληθέντων φυσικῶν,	appelés physiciens,
ἀλλὰ πεποιημένου ἐπιτήδευμα	mais s'étant fait une profession
τὴν καλουμένην τότε σοφίαν,	de la nommée (de ce qu'on nommait)
οὖσαν δὲ	mais qui était [alors sagesse,
δεινότητα πολιτικὴν	une habileté de-gouvernement
καὶ σύνεσιν δραστήριον,	et une intelligence pratique,
καὶ διασώζοντος	et la conservant
ὥσπερ αἵρεσιν	comme un système
ἐκ διαδοχῆς	venu par transmission
ἀπὸ Σόλωνος·	de Solon;
ἣν οἱ μετὰ ταῦτα	laquelle ceux qui vécurent après cela
μίξαντες	ayant mêlée
τέχναις δικανικαῖς,	aux pratiques de-chicane,
καὶ μεταγαγόντες τὴν ἄσκησιν	et ayant fait-passer l'exercice
ἀπὸ τῶν πράξεων εἰς τοὺς λόγους,	des actions aux discours,
προσηγορεύθησαν σοφισταί.	furent appelés sophistes.
Ἤδη οὖν πολιτευόμενος	Donc déjà se-mêlant-de-politique
ἐπλησίαζε	il s'approchait
τούτῳ·	de celui-ci (de Mnésiphile);

τῆς νεότητος ὁρμαῖς ἀνώμαλος ἦν καὶ ἀστάθμητος, τῇ φύσει
καθ' αὑτὴν χρώμενος ἄνευ λόγου καὶ παιδείας ἐπ' ἀμφότερα
μεγάλας ποιουμένῃ μεταβολὰς τῶν ἐπιτηδευμάτων, καὶ πολλάκις ἐξανισταμένῃ πρὸς τὸ χεῖρον, ὡς ὕστερον αὐτὸς ὡμολόγει,
καὶ τοὺς τραχυτάτους πώλους ἀρίστους ἵππους γίνεσθαι φάσ-
κων, ὅταν ἧς προσήκει τύχωσι παιδείας καὶ καταρτύσεως. Ἃ δὲ
τούτων ἐξαρτῶσιν ἔνιοι διηγήματα πλάττοντες, ἀποκήρυξιν μὲν
ὑπὸ τοῦ πατρὸς αὐτοῦ, θάνατον δὲ τῆς μητρὸς ἑκούσιον, ἐπὶ τῇ
τοῦ παιδὸς ἀτιμίᾳ περιλύπου γενομένης, δοκεῖ κατεψεῦσθαι ·
καὶ τοὐναντίον εἰσὶν οἱ λέγοντες, ὅτι τὰ κοινὰ πράττειν ἀποτρέ-
πων αὐτὸν ὁ πατὴρ ἐπεδείκνυε πρὸς τῇ θαλάττῃ τὰς παλαιὰς
τριήρεις ἐῤῥιμμένας καὶ παρεωραμένας, ὡς δὴ καὶ πρὸς τοὺς

de la jeunesse, il était inégal et inconstant ; la spontanéité de sa
nature, que ne réglaient ni la raison ni l'éducation , l'entraînait
aux changements les plus extrêmes et le poussait souvent au pire.
Il l'avouait lui-même plus tard , disant que les poulains les plus
fougueux deviennent les meilleurs chevaux , quand ils ont trouvé
l'éducation et le dressage qui leur convient. Quelques-uns sont
partis de là pour se jeter dans des histoires faites à plaisir : on a
dit qu'il avait été déshérité par son père, que sa mère s'était donné
la mort, accablée par le chagrin que lui causait l'inconduite de
son fils; tout cela me paraît mensonger. Quelques-uns, au contraire, prétendent que son père , pour le détourner de l'adminis-
tration des affaires. lui montra au bord de la mer de vieilles tri-

ἐν δὲ ταῖς πρώταις ὁρμαῖς	mais dans les premiers élans
τῆς νεότητος	de la jeunesse
ἦν ἀνώμαλος καὶ ἀστάθμητος,	il était inégal et inconstant,
χρώμενος τῇ φύσει	usant de sa nature
κατὰ αὐτὴν,	selon elle-même (toute seule),
ποιουμένη	*nature* faisant
ἄνευ λόγου καὶ παιδείας	sans la raison et l'éducation
μεγάλας μεταβολὰς	de grands changements
τῶν ἐπιτηδευμάτων	des goûts [mal),
ἐπὶ ἀμφότερα,	vers les deux *côtés* (en bien et en
καὶ πολλάκις ἐξανισταμένη	et souvent se déplaçant (penchant)
πρὸς τὸ χεῖρον,	vers le pire,
ὡς ὕστερον	comme plus tard
αὐτὸς ὡμολόγει,	lui-même *l'*avouait,
φάσκων	disant
καὶ τοὺς πώλους τραχυτάτους	aussi les poulains les plus fougueux
γίνεσθαι ἀρίστους ἵππους,	devenir les meilleurs chevaux,
ὅταν τύχωσι	lorsqu'ils ont obtenu (reçu)
παιδείας καὶ καταρτύσεως	l'éducation et le dressage
ἧς προσήκει.	qu'il convient *qu'ils reçoivent.*
Ἃ δὲ ἔνιοι	Mais ce que quelques-uns
ἐξαρτῶσι τούτων	rattachent à ces *circonstances*
πλάττοντες διηγήματα,	forgeant des récits,
ἀποκήρυξιν μὲν	l'exhérédation
ὑπὸ τοῦ πατρὸς αὐτοῦ,	par le père de lui,
θάνατον δὲ ἑκούσιον τῆς μητρὸς,	et la mort volontaire de la mère,
γενομένης περιλύπου	devenue extrêmement-affligée
ἐπὶ τῇ ἀτιμίᾳ τοῦ παιδὸς,	au-sujet-du déshonneur de son fils,
δοκεῖ κατεψεῦσθαι·	paraît avoir été dit-mensongère-
καὶ τοὐναντίον εἰσὶν	et au-contraire il est des *gens* [ment;
οἱ λέγοντες	ceux disant (qui disent)
ὅτι ὁ πατὴρ	que le père
ἀποτρέπων αὐτὸν	détournant (pour détourner) lui
πράττειν τὰ κοινά,	de faire les (s'occuper des) *affaires*
ἐπεδείκνυε	*lui* montrait [publiques,
πρὸς τῇ θαλάττῃ	auprès de la mer
τὰς παλαιὰς τριήρεις	les vieilles trirèmes
ἐῤῥιμμένας καὶ παρεωραμένας,	jetées *là* et dédaignées,
ὡς δὴ	comme assurément
καὶ τῶν πολλῶν	aussi la multitude

δημαγωγοὺς, ὅταν ἄχρηστοι γένωνται, τῶν πολλῶν ὁμοίως
ἐχόντων.

III. Ταχὺ μέντοι καὶ νεανικῶς ἔοικεν ἅψασθαι τοῦ Θεμιστοκλέους τὰ πολιτικὰ πράγματα, καὶ σφόδρα ἡ πρὸς δόξαν ὁρμὴ
κρατῆσαι· δι᾿ ἣν εὐθὺς ἐξ ἀρχῆς πρωτεύειν ἐφιέμενος, ἰταμῶς
ὑφίστατο τὰς πρὸς τοὺς δυναμένους ἐν τῇ πόλει καὶ πρωτεύοντας
ἀπεχθείας, μάλιστα δὲ Ἀριστείδην τὸν Λυσιμάχου, τὴν ἐναντίαν
ἀεὶ πορευόμενον αὐτῷ. Καίτοι δοκεῖ παντάπασιν ἡ πρὸς τοῦτον
ἔχθρα μειρακιώδη λαβεῖν ἀρχήν. Ἠράσθησαν γὰρ ἀμφότεροι
τοῦ καλοῦ Στησίλεω, Τηΐου τὸ γένος ὄντος, ὡς Ἀρίστων[1] ὁ φιλόσοφος ἱστόρηκεν. Ἐκ δὲ τούτου διετέλουν καὶ περὶ τὰ δημόσια
στασιάζοντες. Οὐ μὴν ἀλλ᾿ ἡ τῶν βίων καὶ ἡ τῶν τρόπων ἀνο-
μοιότης ἔοικεν αὐξῆσαι τὴν διαφοράν. Πρᾶος γὰρ ὢν φύσει καὶ

rèmes jetées là et abandonnées : « Voilà, dit-il, ce que deviennent
presque tous les démagogues, quand on n'en a plus besoin. »

III. C'est toutefois de bonne heure et avec l'ardeur de la jeunesse
que Thémistocle paraît avoir mis la main aux affaires politiques.
Le vif désir de gloire qui le possédait le fit aspirer tout d'abord au
premier rang et entrer en lutte avec les hommes les plus puis-
sants et les plus haut placés de la ville, particulièrement Aristide,
fils de Lysimaque, qui ne cessa jamais d'être en dissentiment avec
lui. On croit pourtant, en général, que leur animosité venait d'une
cause toute puérile : ils aimaient tous deux le beau Stésiléus de
Céos, ainsi que le raconte le philosophe Ariston ; et c'est de cette
concurrence que date leur rivalité politique. Quoi qu'il en soit, la
différence de leurs mœurs et de leur conduite fortifia cette première aversion. Aristide, de sa nature, était doux et d'une vie irré-

ἐχόντων ὁμοίως	étant en-disposition-semblable
πρὸς τοὺς δημαγωγοὺς,	envers les démagogues,
ὅταν γένωνται ἄχρηστοι.	lorsqu'ils sont devenus inutiles.
III. Τὰ μέντοι πράγματα	III. Toutefois les affaires
πολιτικὰ	politiques
ἔοικεν ἅψασθαι ταχὺ	semblent avoir touché de-bonne-
καὶ νεανικῶς	et juvénilement [heure
τοῦ Θεμιστοκλέους,	Thémistocle,
καὶ ἡ ὁρμὴ πρὸς δόξαν	et l'élan vers la gloire
κρατῆσαι σφόδρα·	l'avoir dominé fortement ;
διὰ ἣν	à-cause-duquel *élan*
εὐθὺς ἐξ ἀρχῆς	tout-de-suite dès le commencement
ἐφιέμενος πρωτεύειν,	désirant être-le-premier,
ὑφίστατο ἰταμῶς	il se chargea hardiment
τὰς ἀπεχθείας	des inimitiés
πρὸς τοὺς δυναμένους	contre ceux qui étaient-puissants
καὶ πρωτεύοντας	et qui avaient-le-premier-rang
ἐν τῇ πόλει,	dans la ville,
μάλιστα δὲ Ἀριστείδην	et surtout Aristide
τὸν Λυσιμάχου,	le *fils* de Lysimaque,
πορευόμενον ἀεὶ	marchant toujours
τὴν ἐναντίαν αὐτῷ.	dans la *route* contraire à lui.
Καίτοι ἡ ἔχθρα πρὸς τοῦτον	Toutefois la haine contre celui-ci
δοκεῖ παντάπασι λαβεῖν	paraît tout à fait avoir pris
ἀρχὴν μειρακιώδη.	un commencement juvénile.
Ἡράσθησαν γὰρ ἀμφότεροι	Ils aimèrent en effet tous deux
τοῦ καλοῦ Στησίλεω,	le beau Stésiléus,
ὄντος Τηΐου τὸ γένος,	qui était de-Téos par la naissance,
ὡς Ἀρίστων ὁ φιλόσοφος	comme Ariston le philosophe
ἱστόρηκεν.	*l'*a raconté.
Ἐκ δὲ τούτου	Et à-la-suite-de cela
διετέλουν	ils continuèrent
στασιάζοντες	étant (d'être)-en-mésintelligence
καὶ περὶ τὰ δημόσια.	aussi pour les *affaires* publiques.
Οὐ μὴν ἀλλὰ	Néanmoins
ἡ ἀνομοιότης τῶν βίων	la dissemblance des vies
καὶ ἡ τῶν τρόπων	et celle des caractères
ἔοικεν αὐξῆσαι τὴν διαφοράν.	semble avoir accru le dissentiment.
Ὁ γὰρ Ἀριστείδης	Car Aristide
ὢν πρᾶος φύσει	étant doux de nature

καλοκαγαθικὸς τὸν τρόπον ὁ Ἀριστείδης, καὶ πολιτευόμενος οὐ
πρὸς χάριν οὐδὲ πρὸς δόξαν, ἀλλ᾽ ἀπὸ τοῦ βελτίστου μετ᾽ ἀσφα-
λείας καὶ δικαιοσύνης, ἠναγκάζετο τῷ Θεμιστοκλεῖ τὸν δῆμον
ἐπὶ πολλὰ κινοῦντι, καὶ μεγάλας ἐπιφέροντι καινοτομίας, ἐναν-
τιοῦσθαι πολλάκις, ἐνιστάμενος αὐτοῦ πρὸς τὴν αὔξησιν. Λέγεται
γὰρ οὕτω παράφορος πρὸς δόξαν εἶναι καὶ πράξεων μεγάλων
ὑπὸ φιλοτιμίας ἐραστὴς, ὥστε, νέος ὢν ἔτι, τῆς ἐν Μαραθῶνι
μάχης πρὸς τοὺς βαρβάρους γενομένης, καὶ τῆς Μιλτιάδου
στρατηγίας διαβοηθείσης, σύννους ὁρᾶσθαι τὰ πολλὰ πρὸς
ἑαυτῷ, καὶ τὰς νύκτας ἀγρυπνεῖν, καὶ τοὺς πότους παραιτεῖσθαι
τοὺς συνήθεις, καὶ λέγειν πρὸς τοὺς ἐρωτῶντας καὶ θαυμάζοντας
τὴν περὶ τὸν βίον μεταβολὴν, ὡς καθεύδειν αὐτὸν οὐκ ἐῴη τὸ
τοῦ Μιλτιάδου τρόπαιον. Οἱ μὲν γὰρ ἄλλοι πέρας ᾤοντο τοῦ

prochable : dans ses actions politiques, il ne recherchait ni la
faveur ni la gloire, mais ce qu'il y avait de meilleur, sans nuire ni
à la sûreté ni à la justice. Or, comme Thémistocle remuait sans
cesse le peuple et le poussait à de grands changements, Aristide
était souvent forcé de lui résister et de s'opposer à ses progrès.
On dit, en effet, que Thémistocle était passionné pour la gloire, si
amoureux des grandes choses qui mènent aux honneurs, que,
tout jeune, après la bataille de Marathon, gagnée sur les barbares,
les louanges prodiguées au talent militaire de Miltiade le rendaient
pensif et rêveur : il passait les nuits sans dormir, il ne fréquen-
tait plus les banquets accoutumés; et quand on l'interrogeait,
quand on s'étonnait de ce changement de vie, il répondait que le
trophée de Miltiade ne le laissait pas dormir. Tout le monde re-

καὶ καλόκαγαθικὸς τὸν τρόπον,	et porté-au-bien de caractère,
καὶ πολιτευόμενος	et administrant
οὐ πρὸς χάριν	ni pour le plaisir (pour faire plaisir)
οὐδὲ πρὸς δόξαν,	ni pour la gloire,
ἀλλὰ ἀπὸ τοῦ βελτίστου	mais *en partant* du meilleur
μετὰ ἀσφαλείας καὶ δικαιοσύνης,	avec sûreté et justice,
ἠναγκάζετο	était forcé
ἐναντιοῦσθαι πολλάκις	de faire-opposition souvent
τῷ Θεμιστοκλεῖ	à Thémistocle
κινοῦντι τὸν δῆμον	qui remuait le peuple
ἐπὶ πολλὰ,	vers de nombreuses choses,
καὶ ἐπιφέροντι	et qui apportait (introduisait)
μεγάλας καινοτομίας,	de grandes innovations,
ἐνιστάμενος	faisant obstacle
πρὸς τὴν αὔξησιν αὐτοῦ.	à l'élévation de lui.
Λέγεται γὰρ	Car *Thémistocle* est dit
εἶναι οὕτω παράφορος	être (avoir été) si porté
πρὸς δόξαν	vers la gloire
καὶ ἐραστὴς μεγάλων πράξεων	et amateur de grandes actions
ὑπὸ φιλοτιμίας,	par ambition,
ὥστε, ὢν ἔτι νέος,	que, étant encore jeune,
τῆς μάχης ἐν Μαραθῶνι	la bataille à Marathon
πρὸς τοὺς βαρβάρους	contre les barbares
γενομένης,	ayant eu-lieu,
καὶ τῆς στρατηγίας Μιλτιάδου	et le commandement de Miltiade
διαβοηθείσης,	ayant été célébré,
ὁρᾶσθαι τὰ πολλὰ	être vu (on le voyait) la plupart *du*
σύννους πρὸς ἑαυτῷ,	réfléchi en lui-même, [*temps*
καὶ ἀγρυπνεῖν	et veiller (il veillait)
τὰς νύκτας,	*pendant* les nuits,
καὶ παραιτεῖσθαι	et refuser (il refusait)
τοὺς πότους τοὺς συνήθεις,	les festins habituels,
καὶ λέγειν	et dire (il disait)
πρὸς τοὺς ἐρωτῶντας	à ceux qui *l'*interrogeaient
καὶ θαυμάζοντας	et qui s'étonnaient
τὴν μεταβολὴν περὶ τὸν βίον,	du changement dans la vie,
ὡς τὸ τρόπαιον τοῦ Μιλτιάδου	que le trophée de Miltiade
οὐκ ἐᾷ αὐτὸν καθεύδειν.	ne laissait pas lui dormir.
Οἱ μὲν γὰρ ἄλλοι	Les autres en effet
ᾤοντο τὴν ἧτταν	croyaient la défaite

πολέμου τὴν ἐν Μαραθῶνι τῶν βαρβάρων ἧτταν εἶναι, Θεμιστοκλῆς δὲ ἀρχὴν μειζόνων ἀγώνων, ἐφ' οὓς ἑαυτὸν ὑπὲρ τῆς
ὅλης Ἑλλάδος ἤλειφεν ἀεὶ καὶ τὴν πόλιν ἤσκει, πόῤῥωθεν ἤδη
προσδοκῶν τὸ μέλλον.

IV. Καὶ πρῶτον μὲν τὴν Λαυρεωτικὴν πρόσοδον[1] ἀπὸ τῶν
ἀργυρείων μετάλλων ἔθος ἐχόντων Ἀθηναίων διανέμεσθαι, μό-
νος εἰπεῖν ἐτόλμησε παρελθὼν εἰς τὸν δῆμον, ὡς χρὴ, τὴν
διανομὴν ἐάσαντας, ἐκ τῶν χρημάτων τούτων κατασκευάσασθαι
τριήρεις ἐπὶ τὸν πρὸς Αἰγινήτας πόλεμον. Ἤκμαζε γὰρ οὗτος ἐν
τῇ Ἑλλάδι μάλιστα, καὶ κατεῖχον οἱ Αἰγινῆται πλήθει νεῶν τὴν
θάλασσαν. Ἦ καὶ ῥᾷον Θεμιστοκλῆς συνέπεισεν, οὐ Δαρεῖον οὐδὲ
Πέρσας (μακρὰν γὰρ ἦσαν οὗτοι, καὶ δέος οὐ πάνυ βέβαιον ὡς
ἀφιξόμενοι παρεῖχον) ἐπισείων, ἀλλὰ τῇ πρὸς Αἰγινήτας ὀργῇ

gardait la défaite des barbares à Marathon comme la fin de la
guerre : Thémistocle n'y voyait que le prélude de combats plus
grands encore. Aussi se préparait-il sans cesse comme un athlète,
en vue du salut de la Grèce entière, et exerçait-il la ville à ces
luttes, qu'il prévoyait déjà de loin dans l'avenir.

IV. Et d'abord, il osa, seul, proposer aux Athéniens, dans l'assemblée du peuple, de ne plus se partager le produit des mines
d'argent du Laurium, comme c'était l'usage, mais d'en affecter le
revenu à la construction d'une flotte pour la guerre d'Égine. Cette
guerre, qui était alors dans toute sa force, préoccupait vivement la
Grèce, et les Éginètes couvraient la mer de leurs vaisseaux. C'est
par ce point que Thémistocle fit plus facilement réussir ses idées,
et non pas en menaçant de Darius et des Perses, alors trop éloi-
gnés et dont on craignait peu le retour; mais il profita de la haine

τῶν βαρβάρων ἐν Μαραθῶνι	des barbares à Marathon
εἶναι πέρας τοῦ πολέμου,	être la fin de la guerre,
Θεμιστοκλῆς δὲ	mais Thémistocle *croyait que c'était*
ἀρχὴν	le commencement
ἀγώνων μειζόνων,	de luttes plus grandes,
ἐπὶ οὓς ἤλειφεν	pour lesquelles il frottait (préparait)
ἑαυτὸν ἀεὶ	lui-même toujours
ὑπὲρ τῆς Ἑλλάδος ὅλης	pour la Grèce entière
καὶ ἤσκει τὴν πόλιν,	et exerçait la ville,
προσδοκῶν πόρρωθεν ἤδη	s'attendant de loin déjà
τὸ μέλλον.	à l'avenir.
IV. Καὶ πρῶτον μὲν	IV. Et d'abord
Ἀθηναίων ἐχόντων ἔθος	les Athéniens ayant coutume
διανέμεσθαι	de se partager
τὴν πρόσοδον Λαυριωτικὴν	le revenu de-Laurium
ἀπὸ τῶν μετάλλων ἀργυρείων,	des mines d'-argent,
μόνος ἐτόλμησεν εἰπεῖν	seul il osa dire
παρελθὼν εἰς τὸν δῆμον,	s'étant avancé vers le peuple,
ὡς χρὴ,	qu'il faut (qu'il fallait),
ἐάσαντας τὴν διανομὴν,	ayant laissé-de-côté le partage,
κατασκευάσασθαι	équiper
ἐκ τούτων τῶν χρημάτων	avec ces fonds
τριήρεις	des galères
ἐπὶ τὸν πόλεμον πρὸς Αἰγινήτας.	pour la guerre contre les Éginètes.
Οὗτος γὰρ	Car cette *guerre*
ἤκμαζε μάλιστα	était-dans-sa-force le plus
ἐν τῇ Ἑλλάδι,	dans la Grèce,
καὶ οἱ Αἰγινῆται	et les Éginètes
κατεῖχον τὴν θάλασσαν	occupaient la mer
πλήθει νεῶν.	par la multitude des vaisseaux.
Ἦ καὶ Θεμιστοκλῆς	Par quoi aussi Thémistocle
συνέπεισε ῥᾷον,	persuada plus facilement, [*tail*
οὐκ ἐπισείων	ne secouant pas *comme un épouvan-*
Δαρεῖον οὐδὲ Πέρσας	Darius ni les Perses
(οὗτοι γὰρ ἦσαν μακρὰν,	(car ceux-ci étaient loin,
καὶ παρεῖχον δέος	et offraient une crainte
οὐ πάνυ βέβαιον	non tout-à-fait forte
ὡς ἀφιξόμενοι),	comme devant arriver),
ἀλλὰ ἀποχρησάμενος εὐκαίρως	mais s'étant servi à-propos
ἐπὶ τὴν παρασκευὴν	pour les préparatifs

καὶ φιλονεικίᾳ τῶν πολιτῶν ἀποχρησάμενος εὐκαίρως ἐπὶ τὴν
παρασκευήν. Ἑκατὸν γὰρ ἀπὸ τῶν χρημάτων ἐκείνων ἐποιή-
θησαν τριήρεις, αἳ καὶ πρὸς Ξέρξην ἐναυμάχησαν. Ἐκ δὲ τούτου κατὰ μικρὸν ὑπάγων καὶ καταβιβάζων τὴν πόλιν πρὸς τὴν
θάλασσαν, ὡς τὰ πεζὰ μὲν οὐδὲ τοῖς ὁμόροις ἀξιομάχους ὄντας,
τῇ δ' ἀπὸ τῶν νεῶν ἀλκῇ καὶ τοὺς βαρβάρους ἀμύνασθαι καὶ
τῆς Ἑλλάδος ἄρχειν δυναμένους, ἀντὶ μονίμων ὁπλιτῶν, ὥς
φησι Πλάτων[1], ναυβάτας καὶ θαλαττίους ἐποίησε· καὶ διαβολὴν
καθ' αὑτοῦ παρέσχεν, ὡς ἄρα Θεμιστοκλῆς τὸ δόρυ καὶ τὴν
ἀσπίδα τῶν πολιτῶν παρελόμενος, εἰς ὑπηρέσιον καὶ κώπην
συνέστειλε τὸν τῶν Ἀθηναίων δῆμον. Ἔπραξε δὲ ταῦτα Μιλτιάδου κρατήσας ἀντιλέγοντος, ὡς ἱστορεῖ Στησίμβροτος. Εἰ μὲν
δὴ τὴν ἀκρίβειαν καὶ τὸ καθαρὸν τοῦ πολιτεύματος ἔβλαψεν, ἢ

et de la jalousie contre les Éginètes pour provoquer les préparatifs.
Avec l'argent des mines on construisit cent trirèmes qui combattirent aussi contre Xerxès. Dès ce moment, il entraîna et fit descendre, pour ainsi dire, la ville entière à la mer : incapable sur
terre de résister même à ses voisins, elle pouvait désormais, avec
ses forces maritimes, repousser les barbares et commander à la
Grèce : les hoplites, dit Platon, furent transformés par Thémistocle en matelots et en gens de mer; et c'est ainsi qu'il prêta le
flanc au reproche d'avoir arraché aux Athéniens la pique et le
bouclier pour les réduire au banc et à la rame. Or, il atteignit ce
but, suivant Stésimbrote, en dépit des contradictions de Miltiade.
Corrompit-il, en agissant ainsi, la perfection et la pureté du gou-

τῇ ὀργῇ	de la colère
καὶ φιλονεικίᾳ τῶν πολιτῶν	et la rivalité des citoyens
πρὸς Αἰγινήτας.	contre les Éginètes.
Ἑκατὸν γὰρ τριήρεις	En effet, cent galères
ἐποιήθησαν	furent faites
ἀπὸ ἐκείνων τῶν χρημάτων,	avec ces fonds-là,
αἳ ἐναυμάχησαν	lesquelles combattirent - navale -
καὶ πρὸς Ξέρξην.	aussi contre Xerxès. [ment
Ἐκ δὲ τούτου	Et à-la-suite-de cela
κατὰ μικρὸν ὑπάγων	peu à peu amenant
καὶ καταβιβάζων τὴν πόλιν	et faisant-descendre la ville
πρὸς τὴν θάλασσαν,	vers la mer,
ὡς τὰ πεζὰ μὲν	comme par les *forces* de-pied
οὐδὲ ὄντας ἀξιομάχους	n'étant pas même en-état-de-lutter
τοῖς ὁμόροις,	contre les *peuples* limitrophes,
τῇ δὲ ἀλκῇ	mais avec la force
ἀπὸ τῶν νεῶν	*résultant* des vaisseaux
δυναμένους	pouvant
καὶ ἀμύνασθαι τοὺς βαρβάρους	et repousser les barbares
καὶ ἄρχειν τῆς Ἑλλάδος,	et commander à la Grèce,
ἀντὶ ὁπλιτῶν μονίμων,	au lieu d'hoplites restant-en-place,
ὥς φησι Πλάτων,	comme dit Platon,
ἐποίησε ναυβάτας	il *les* fit matelots
καὶ θαλαττίους·	et marins ;
καὶ παρέσχε	et il fournit
διαβολὴν κατὰ αὐτοῦ,	une accusation contre lui-même,
ὡς ἄρα Θεμιστοκλῆς	à-savoir que Thémistocle
παρελόμενος τῶν πολιτῶν	ayant enlevé aux citoyens
τὸ δόρυ καὶ τὴν ἀσπίδα,	la lance et le bouclier,
συνέστειλεν εἰς ὑπηρέσιον	réduisit à la couverture *de rameur*
καὶ κώπην	et à la rame
τὸν δῆμον τῶν Ἀθηναίων.	le peuple des Athéniens.
Ἔπραξε δὲ ταῦτα	Or il fit ces choses
κρατήσας Μιλτιάδου	l'ayant emporté sur Miltiade
ἀντιλέγοντος,	qui parlait-en-sens-contraire,
ὡς ἱστορεῖ Στησίμβροτος.	comme raconte Stésimbrote.
Εἰ μὲν δὴ πράξας ταῦτα	Si donc ayant fait ces choses
ἔβλαψεν, ἢ μή,	il altéra, ou non,
τὴν ἀκρίβειαν καὶ τὸ καθαρὸν	la perfection et la pureté
τοῦ πολιτεύματος,	du gouvernement,

μὴ, ταῦτα πράξας, ἔστω φιλοσοφώτερον ἐπισκοπεῖν. Ὅτι δ᾽ ἡ
τότε σωτηρία τοῖς Ἕλλησιν ἐκ τῆς θαλάσσης ὑπῆρξε, καὶ τὴν
Ἀθηναίων πόλιν λυθεῖσαν ἔστησαν αἱ τριήρεις ἐκεῖναι, τά τ᾽
ἄλλα καὶ Ξέρξης αὐτὸς ἐμαρτύρησε. Τῆς γὰρ πεζικῆς δυνάμεως
ἀθραύστου διαμενούσης, ἔφυγε μετὰ τὴν τῶν νεῶν ἧτταν, ὡς
οὐκ ὢν ἀξιόμαχος, καὶ Μαρδόνιον ἐμποδὼν εἶναι τοῖς Ἕλλησι
τῆς διώξεως μᾶλλον ἢ δουλωσόμενον αὐτούς, ὡς ἐμοὶ δοκεῖ,
κατέλιπεν.

V. Ἔντονον δὲ γεγονέναι χρηματιστὴν οἱ μέν φασι δι᾽
ἐλευθεριότητα· καὶ γὰρ φιλοθύτην ὄντα καὶ λαμπρὸν ἐν
ταῖς περὶ τοὺς ξένους δαπάναις ἀφθόνου δεῖσθαι χορηγίας.
Οἱ δὲ τοὐναντίον γλισχρότητα πολλὴν καὶ μικρολογίαν κατη-
γοροῦσιν, ὡς καὶ τὰ πεμπόμενα τῶν ἐδωδίμων πωλοῦντος.
Ἐπεὶ δὲ Φιλίδης ὁ ἱπποτρόφος αἰτηθεὶς ὑπ᾽ αὐτοῦ πῶλον

vernement athénien? C'est une question trop philosophique à examiner. Toujours est-il que la Grèce dut alors son salut à la mer,
et que ces trirèmes, ainsi que le prouve, entre autres faits, la conduite de Xerxès, rétablirent la ville d'Athènes qui avait été dé-
truite. En effet, Xerxès, bien que ses troupes de terre pussent
encore tenir bon, prit la fuite après la défaite de sa flotte et parut
se déclarer hors de combat. Et s'il laissa Mardonius en Grèce, ce
fut plutôt, selon moi, pour empêcher les Grecs de le poursuivre,
que dans l'espoir de les asservir.

V. Quelques-uns prétendent que Thémistocle était sans cesse
tendu à gagner de l'argent pour ses prodigalités. Et de fait, comme
il aimait à offrir des sacrifices et à dépenser largement pour les
étrangers, il lui fallait des sommes considérables. D'autres, au
contraire, l'accusent d'avarice et de mesquinerie excessives, jusqu'à faire vendre les comestibles qu'on lui envoyait. Il avait demandé un poulain à Philidès, l'éleveur de chevaux. qui ne le lui

ἔστω φιλοσοφώτερον	que *ce* soit plus philosophique (c'est
ἐπισκοπεῖν·	de *l*'examiner. [aux philosophes)
Ὅτι δὲ ἡ σωτηρία τότε	Mais que le salut *d*'alors
ὑπῆρξε τοῖς Ἕλλησιν	vint aux Grecs
ἐκ τῆς θαλάσσης,	de la mer,
καὶ ἐκεῖναι τριήρεις	et *que* ces galères-là
ἔστησαν τὴν πόλιν Ἀθηναίων	rétablirent la ville des Athéniens
λυθεῖσαν,	détruite,
τά τε ἄλλα	et les autres choses *l'ont attesté*
καὶ Ξέρξης αὐτὸς ἐμαρτύρησε.	et Xerxès lui-même *l*'a attesté.
Τῆς γὰρ δυνάμεως πεζικῆς	Car les forces de-pied
διαμενούσης ἀθραύστου,	restant non-brisées,
ἔφυγε	il s'enfuit
μετὰ τὴν ἧτταν τῶν νεῶν,	après la défaite des vaisseaux,
ὡς οὐκ ὢν	comme n'étant pas
ἀξιόμαχος,	en-état-de-lutter,
καὶ, ὡς δοκεῖ ἐμοί,	et, comme il semble à moi,
κατέλιπε Μαρδόνιον	laissa Mardonius
εἶναι ἐμποδὼν τοῖς Ἕλλησι	pour être à-obstacle aux Grecs
τῆς διώξεως	de la poursuite
μᾶλλον ἢ δουλωσόμενον αὐτούς.	plutôt que devant asservir eux.
V. Οἱ μὲν δέ φασι	V. Mais les uns disent
γεγονέναι	*lui* avoir été (qu'il fut) un *homme*
χρηματιστὴν	cherchant-à-gagner-de-l'argent
ἔντονον	tendu (appliqué au gain)
διὰ ἐλευθεριότητα·	par libéralité;
καὶ γὰρ ὄντα φιλοθύτην	et en effet étant ami-des-sacrifices
καὶ λαμπρὸν ἐν ταῖς δαπάναις	et brillant dans les dépenses
ταῖς περὶ τοὺς ξένους	celles autour des étrangers
δεῖσθαι	avoir-besoin
χορηγίας ἀφθόνου.	de ressources abondantes.
Οἱ δὲ τοὐναντίον	Les autres au contraire
κατηγοροῦσι	*l*'accusent
πολλὴν γλισχρότητα	d'une grande avarice
καὶ μικρολογίαν,	et petitesse,
ὡς πωλοῦντος	comme vendant
καὶ τὰ πεμπόμενα	même les *objets* envoyés *à lui*
τῶν ἐδωδίμων.	de ceux qui-se-mangent.
Ἐπεὶ δὲ Φιλίδης	Mais après que Philidès
ὁ ἱπποτρόφος	l'éleveur-de-chevaux

οὐκ ἔδωκεν, ἠπείλησε τὸν οἶκον αὐτοῦ ταχὺ ποιήσειν δού-
ρειον ἵππον[1], αἰνιξάμενος ἐγκλήματα συγγενικὰ καὶ δίκας τῷ
ἀνθρώπῳ πρὸς οἰκείους τινὰς ταράξειν. Τῇ δὲ φιλοτομίᾳ πάντας
ὑπερέβαλεν, ὥστ᾽, ἔτι μὲν νέος ὢν καὶ ἀφανής, Ἐπικλέα τὸν ἐξ
Ἑρμιόνης[2], κιθαριστὴν, σπουδαζόμενον ὑπὸ τῶν Ἀθηναίων, ἐκλι-
παρῆσαι μελετᾶν παρ᾽ αὐτῷ, φιλοτιμούμενος πολλοὺς τὴν οἰ-
κίαν ζητεῖν καὶ φοιτᾶν παρ᾽ αὐτῷ. Εἰς δ᾽ Ὀλυμπίαν ἐλθὼν,
καὶ διαμιλλώμενος τῷ Κίμωνι περὶ δεῖπνα καὶ σκηνὰς καὶ τὴν
ἄλλην λαμπρότητα καὶ παρασκευὴν, οὐκ ἤρεσκε τοῖς Ἕλλησιν.
Ἐκείνῳ μὲν γὰρ, ὄντι νέῳ καὶ ἀπ᾽ οἰκίας μεγάλης, ᾤοντο δεῖν
τὰ τοιαῦτα συγχωρεῖν· ὁ δὲ μήπω γνώριμος γεγονὼς, ἀλλὰ
καὶ δοκῶν ἐξ οὐχ ὑπαρχόντων παρ᾽ ἀξίαν ἐπαίρεσθαι, προσ-

donnait pas. Il le menaça de faire bientôt de sa maison un nouveau
cheval de bois, voulant faire entendre qu'il lui susciterait des que-
relles de famille et des procès avec ses parents. Jamais ambition
ne fut pareille à la sienne. Jeune encore et inconnu, il obtint, à
force d'instances, d'Épiclès d'Hermione, cithariste fort en vogue
chez les Athéniens, de venir donner ses leçons chez lui, dans
l'idée ambitieuse qu'on vît sa maison recherchée et fréquentée.
Une autre fois, il vint à Olympie, et entra en concurrence avec
Cimon pour les tables, les tentes, la magnificence de son train et
de ses équipages; mais il déplut aux Grecs. On croyait pouvoir
passer ce luxe à Cimon, jeune encore et d'une des premières maisons d'Athènes; mais qu'un inconnu osât ainsi s'élever au-dessus

αἰτηθεὶς ὑπὸ αὐτοῦ	sollicité par lui
πῶλον	d'un poulain (de lui donner un
οὐκ ἔδωκεν,	ne le donna pas, [poulain)
ἠπείλησε ποιήσειν ταχὺ	il menaça de faire bientôt
τὸν οἶκον αὐτοῦ	la maison de lui
ἵππον δούρειον,	un cheval de-bois,
αἰνιξάμενος	ayant donné-à-entendre
ταράξειν	devoir troubler (qu'il susciterait)
τῷ ἀνθρώπῳ	à l'homme
ἐγκλήματα συγγενικὰ	des querelles de-famille
καὶ δίκας	et des procès
πρός τινας οἰκείους.	avec quelques parents.
Ὑπερέβαλε δὲ πάντας	Mais il surpassait tous
τῇ φιλοτιμίᾳ,	par l'ambition,
ὥστε, ὢν μὲν ἔτι νέος	au-point-que, étant encore jeune
καὶ ἀφανὴς,	et obscur,
ἐκλιπαρῆσαι	avoir supplié (il supplia)
Ἐπικλέα τὸν ἐξ Ἑρμιόνης,	Épiclès d'Hermione,
κιθαριστὴν,	cithariste,
σπουδαζόμενον	recherché
ὑπὸ τῶν Ἀθηναίων,	par les Athéniens,
μελετᾶν παρὰ αὐτῷ,	à s'exercer chez lui,
φιλοτιμούμενος	désirant-par-ambition
πολλοὺς	beaucoup d'hommes
ζητεῖν τὴν οἰκίαν	rechercher sa maison
καὶ φοιτᾶν παρὰ αὐτῷ.	et fréquenter chez lui.
Ἐλθὼν δὲ εἰς Ὀλυμπίαν,	Et étant venu à Olympie,
καὶ διαμιλλώμενος τῷ Κίμωνι	et rivalisant avec Cimon
περὶ δεῖπνα καὶ σκηνὰς	pour les repas et les tentes
καὶ τὴν ἄλλην λαμπρότητα	et le reste-de la magnificence
καὶ παρασκευὴν,	et de l'appareil,
οὐκ ἤρεσκε τοῖς Ἕλλησιν.	il ne plaisait pas aux Grecs.
Ὤιοντο μὲν γὰρ	En effet ils pensaient
δεῖν συγχωρεῖν	falloir (qu'il fallait) concéder
τὰ τοιαῦτα	les choses telles
ἐκείνῳ, ὄντι νέῳ	à celui-là (Cimon), qui était jeune
καὶ ἀπὸ οἰκίας μεγάλης·	et d'une maison grande;
ὁ δὲ,	mais celui-ci (Thémistocle),
μήπω γεγονὼς γνώριμος,	n'étant pas encore devenu connu,
ἀλλὰ καὶ δοκῶν ἐπαίρεσθαι	mais même paraissant s'élever

ωφλίσκανεν ἀλαζονείαν. Ἐνίκησε δὲ καὶ χορηγῶν τραγῳδοῖς,
μεγάλην ἤδη τότε σπουδὴν καὶ φιλοτιμίαν τοῦ ἀγῶνος ἔχοντος.
Καὶ πίνακα τῆς νίκης ἀνέθηκε, τοιαύτην ἐπιγραφὴν ἔχοντα·
« Θεμιστοκλῆς Φρεάρριος ἐχορήγει, Φρύνιχος [1] ἐδίδασκεν, Ἀδεί-
μαντος ἦρχεν [2]. » Οὐ μὴν ἀλλὰ τοῖς πολλοῖς ἐνήρμοττε, τοῦτο
μὲν ἑκάστου τῶν πολιτῶν τοὔνομα λέγων ἀπὸ στόματος, τοῦτο
δὲ κριτὴν ἀσφαλῆ περὶ τὰ συμβόλαια παρέχων ἑαυτὸν, ὥστε
που καὶ πρὸς Σιμωνίδην τὸν Κεῖον εἰπεῖν, αἰτούμενόν τι τῶν
οὐ μετρίων παρ᾽ αὐτοῦ στρατηγοῦντος, ὡς οὔτ᾽ ἐκεῖνος ἂν ἐγέ-
νετο ποιητὴς ἀγαθὸς ᾄδων παρὰ μέλος, οὔτ᾽ αὐτὸς ἀστεῖος ἄρ-
χων παρὰ νόμον χαριζόμενος. Πάλιν δέ ποτε τὸν Σιμωνίδην
ἐπισκώπτων ἔλεγε νοῦν οὐκ ἔχειν, Κορινθίους μὲν λοιδοροῦντα,

de sa fortune, c'était encourir le reproche de vaine présomption.
Il fut aussi vainqueur comme chorége dans une tragédie, con-
cours qui excitait dès lors une grande rivalité, une vive ambition.
Il consacra dans un temple le tableau de sa victoire avec cette in-
scription : « Thémistocle de Phréarres était chorége, Phrynichus
auteur de la pièce, Adimante archonte. » Cependant Thémistocle
était agréable à la multitude, parce qu'il savait par cœur les noms
de tous les citoyens et qu'il était juge impartial dans les différends.
Ainsi, un jour, Simonide de Céos lui demandant quelque chose
d'injuste, il lui répondit qu'il ne serait pas un bon poëte, si ses
chants faussaient la mesure, ni lui un bon magistrat, s'il accor-
dait une faveur contraire à la loi. Une autre fois, il dit, en se
raillant de Simonide, qu'il était fou de se moquer des Corinthiens

παρὰ ἀξίαν	au delà de *son* mérite
ἐξ οὐχ ὑπαρχόντων,	avec des *ressources* n'existant pas,
προσωφλίσκανεν	en-outre-devait (était taxé de)
ἀλαζονείαν.	forfanterie.
Ἐνίκησε δὲ καὶ	Et il fut-vainqueur aussi
χορηγῶν τραγῳδοῖς,	étant-chorége pour les tragédiens,
τοῦ ἀγῶνος	le concours
ἔχοντος ἤδη τότε	ayant déjà alors
μεγάλην σπουδὴν	grand empressement
καὶ φιλοτιμίαν.	et *grande* rivalité.
Καὶ ἀνέθηκε	Et il consacra
πίνακα τῆς νίκης,	un tableau de sa victoire,
ἔχοντα τοιαύτην ἐπιγραφήν·	ayant une telle inscription :
« Θεμιστοκλῆς Φρεάῤῥιος	« Thémistocle de-Phréarres
ἐχορήγει,	était-chorége,
Φρύνιχος ἐδίδασκεν,	Phrynichus faisait-apprendre,
Ἀδείμαντος ἦρχεν. »	Adimante était-archonte. »
Οὐ μὴν ἀλλὰ	Toutefois
ἐνήρμοττε τοῖς πολλοῖς,	il était agréable à la multitude,
τοῦτο μὲν	d'une part
λέγων ἀπὸ στόματος	disant de bouche (sachant par cœur)
τὸ ὄνομα ἑκάστου τῶν πολιτῶν,	le nom de chacun des citoyens,
τοῦτο δὲ παρέχων ἑαυτὸν	de l'autre montrant lui-même
κριτὴν ἀσφαλῆ	juge sûr (équitable)
περὶ τὰ συμβόλαια,	pour les contrats,
ὥστε που καὶ εἰπεῖν	au point un-jour même d'avoir dit
πρὸς Σιμωνίδην τὸν Κεῖον,	à Simonide de-Céos,
αἰτούμενόν τι	demandant quelqu'une
τῶν οὐ μετρίων	des choses non justes
παρὰ αὐτοῦ στρατηγοῦντος,	à lui étant-stratège,
ὡς οὔτε ἐκεῖνος	que ni celui-là (Simonide)
ἂν ἐγένετο ἀγαθὸς ποιητὴς	n'aurait été bon poëte
ᾄδων παρὰ μέλος,	chantant contre la mesure,
οὔτε αὐτὸς ἀστεῖος ἄρχων	ni lui-même honnête magistrat
χαριζόμενος παρὰ νόμον.	accordant-des-faveurs contre la loi.
Πάλιν δέ ποτε	Et de nouveau un-jour
ἐπισκώπτων ἔλεγε	raillant il disait
τὸν Σιμωνίδην	Simonide
οὐκ ἔχειν νοῦν,	n'avoir pas de sens,
λοιδοροῦντα μὲν Κορινθίους,	insultant les Corinthiens,

μεγάλην οἰκοῦντας πόλιν, αὐτοῦ δὲ ποιούμενον εἰκόνας, οὕτως
ὄντος αἰσχροῦ τὴν ὄψιν. Αὐξόμενος δὲ, καὶ τοῖς πολλοῖς ἀρέσκων,
τέλος κατεστασίασε καὶ μετέστησεν ἐξοστρακισθέντα τὸν Ἀριστείδην.

VI. Ἤδη δὲ τοῦ Μήδου καταβαίνοντος ἐπὶ τὴν Ἑλλάδα,
καὶ τῶν Ἀθηναίων βουλευομένων περὶ στρατηγοῦ, τοὺς μὲν ἄλλους ἑκόντας ἐκστῆναι τῆς στρατηγίας λέγουσιν, ἐκπεπληγμέ-
νους τὸν κίνδυνον, Ἐπικύδην δὲ τὸν Εὐφημίδου, δημαγωγὸν
ὄντα δεινὸν μὲν εἰπεῖν, μαλακὸν δὲ τὴν ψυχὴν καὶ χρημάτων
ἥττονα, τῆς ἀρχῆς ἐφίεσθαι καὶ κρατήσειν ἐπίδοξον εἶναι τῇ
χειροτονίᾳ· τὸν οὖν Θεμιστοκλέα, δείσαντα μὴ τὰ πράγματα
διαφθαρείη παντάπασι, τῆς ἡγεμονίας εἰς ἐκεῖνον ἐκπεσούσης,
χρήμασι τὴν φιλοτιμίαν ἐξωνήσασθαι παρὰ τοῦ Ἐπικύδους.
Ἐπαινεῖται δ᾽ αὐτοῦ καὶ τὸ περὶ τὸν δίγλωττον ἔργον ἐν τοῖς

qui habitent une grande ville, et de se faire peindre, étant si
laid. Enfin, sa puissance étant accrue et son crédit auprès du
peuple bien établi, il forma une cabale contre Aristide et le fit
bannir par l'ostracisme.

VI. Aussitôt que le Mède marcha contre la Grèce, les Athéniens
s'assemblèrent pour élire un général. Tous les autres renoncèrent,
dit-on, au commandement, effrayés de la grandeur du péril. Epi-
cyde, fils d'Euphémide, démagogue éloquent, mais cœur faible
et avide d'argent, aspira seul au pouvoir et parut avoir chance de
réunir les suffrages. Alors Thémistocle, craignant que tout ne fût
perdu si le commandement tombait à de pareilles mains, désinté-
ressa, en la payant, l'ambition d'Épicyde. On loue aussi la conduite de Thémistocle envers l'interprète qui vint avec les envoyés

οἰκοῦντας	qui habitaient
μεγάλην πόλιν,	une grande ville,
ποιούμενον δὲ	et faisant-faire
εἰκόνας αὐτοῦ,	des portraits de lui-même,
ὄντος οὕτως αἰσχροῦ τὴν ὄψιν.	étant si laid d'extérieur.
Αὐξόμενος δὲ,	Mais grandissant,
καὶ ἀρέσκων τοῖς πολλοῖς,	et plaisant à la multitude,
τέλος κατεστασίασε	enfin il attaqua-par-cabale
καὶ μετέστησε	et bannit
τὸν Ἀριστείδην ἐξοστρακισθέντα.	Aristide frappé-d'ostracisme.
VI. Τοῦ δὲ Μήδου	VI. Et le Mède
καταβαίνοντος ἤδη	descendant déjà
ἐπὶ τὴν Ἑλλάδα,	contre la Grèce,
καὶ τῶν Ἀθηναίων	et les Athéniens
βουλευομένων περὶ στρατηγοῦ,	délibérant sur le choix d'un stratége,
λέγουσι τοὺς μὲν ἄλλους	on dit les autres
ἐκστῆναι τῆς στρατηγίας	s'être désistés du commandement
ἑκόντας,	le-voulant-bien (de plein gré);
ἐκπεπληγμένους τὸν κίνδυνον,	épouvantés du danger,
Ἐπικύδην δὲ τὸν Εὐφημίδου,	mais Epicyde le fils d'Euphémide,
ὄντα δημαγωγὸν	étant un démagogue
δεινὸν μὲν εἰπεῖν,	habile à-la-vérité à parler,
μαλακὸν δὲ τὴν ψυχὴν	mais mou d'âme [richesses,
καὶ ἥττονα χρημάτων,	et inférieur (se laissant gagner) aux
ἐφίεσθαι τῆς ἀρχῆς	briguer le commandement
καὶ εἶναι ἐπίδοξον	et être attendu
κρατήσειν τῇ χειροτονίᾳ·	devoir l'emporter par le vote;
τὸν οὖν Θεμιστοκλέα,	Thémistocle donc,
δείσαντα μὴ τὰ πράγματα	ayant craint que les affaires
διαφθαρείη παντάπασι,	ne fussent perdues tout à fait,
τῆς ἡγεμονίας	le commandement
ἐκπεσούσης εἰς ἐκεῖνον,	étant tombé à celui-là,
ἐξωνήσασθαι χρήμασι	avoir racheté par de l'argent
τὴν φιλοτιμίαν	la brigue
παρὰ τοῦ Ἐπικύδους.	à Épicyde.
Τὸ δὲ καὶ ἔργον αὐτοῦ	Et aussi l'action de lui
ἐπαινεῖται	est louée [gues (l'inter rète)
περὶ τὸν δίγλωττον	au-sujet-de-l'homme à deux lan-
ἐν τοῖς πεμφθεῖσιν	parmi ceux envoyés
ὑπὸ βασιλέως	par le roi de Perse

πεμφθεῖσιν ὑπὸ βασιλέως ἐπὶ γῆς καὶ ὕδατος αἴτησιν. Ἑρμηνέα
γὰρ ὄντα συλλαβὼν διὰ ψηφίσματος ἀπέκτεινεν, ὅτι φωνὴν Ἑλ-
ληνίδα βαρβάροις προστάγμασιν ἐτόλμησε χρῆσαι. Ἔτι δὲ καὶ
τὸ περὶ Ἄρθμιον τὸν Ζελείτην.[1] · Θεμιστοκλέους γὰρ εἰπόντος,
καὶ τοῦτον εἰς τοὺς ἀτίμους, καὶ παῖδας αὐτοῦ καὶ γένος ἔγρα-
ψαν, ὅτι τὸν ἐκ Μήδων χρυσὸν εἰς τοὺς Ἕλληνας ἐκόμισε. Μέ-
γιστον δὲ πάντων, τὸ καταλῦσαι τοὺς Ἑλληνικοὺς πολέμους, καὶ
διαλλάξαι τὰς πόλεις ἀλλήλαις, πείσαντα τὰς ἔχθρας διὰ τὸν
πόλεμον ἀναβαλέσθαι· πρὸς ὃ καὶ Χείλεων τὸν Ἀρκάδα[2] μάλιστα
συναγωνίσασθαι λέγουσι.

VII. Παραλαβὼν δὲ τὴν ἀρχὴν, εὐθὺς μὲν ἐπεχείρει τοὺς
πολίτας ἐμβιβάζειν εἰς τὰς τριήρεις, καὶ τὴν πόλιν ἔπεισεν
ἐκλιπόντας ὡς προσωτάτω τῆς Ἑλλάδος ἀπαντᾷν τῷ βαρβάρῳ

du grand roi demander la terre et l'eau. Il le fit arrêter et condamner à mort, par décret du peuple, pour avoir osé employer la
langue grecque à exprimer les ordres du barbare. Il en est de
même de ce qu'il fit à l'égard d'Arthmius de Zèle. Sur l'avis de
Thémistocle, il fut noté d'infamie, lui, ses enfants et sa postérité,
pour avoir introduit l'or des Mèdes chez les Grecs. Mais le plus
beau de ses actes, c'est d'avoir mis fin aux différends de la Grèce,
réconcilié les villes entre elles, et persuadé à tous d'oublier les
haines, en face de l'ennemi commun : entreprise où l'on dit qu'il
fut puissamment secondé par Chiléos d'Arcadie.

VII. Dès qu'il tient le commandement, Thémistocle essaye de
déterminer ses concitoyens à monter sur les trirèmes et à quitter
la ville pour aller, par mer, le plus loin possible de la Grèce, au-

ἐπὶ αἴτησιν	pour la demande
γῆς καὶ ὕδατος.	de la terre et de l'eau.
Συλλαβὼν γὰρ	Car l'ayant arrêté
ὄντα ἑρμηνέα	quoique étant interprète
ἀπέκτεινε διὰ ψηφίσματος,	il le fit-périr par décret,
ὅτι ἐτόλμησε	parce qu'il avait osé
χρῆσαι φωνὴν Ἑλληνίδα	prêter la langue grecque
προστάγμασι βαρβάροις.	à des injonctions barbares.
Ἔτι δὲ καὶ	Et on loue encore aussi
τὸ περὶ Ἄρθμιον	l'action au-sujet d'Arthmius
τὸν Ζελείτην·	celui de-Zèle : [posé),
Θεμιστοκλέους γὰρ εἰπόντος,	car Thémistocle ayant parlé (pro-
ἔγραψαν	les Athéniens inscrivirent
εἰς τοὺς ἀτίμους	parmi les infâmes
καὶ τοῦτον,	et celui-ci,
καὶ τοὺς παῖδας αὐτοῦ καὶ γένος,	et les enfants de lui et sa race,
ὅτι ἐκόμισεν	parce qu'il avait apporté
εἰς τοὺς Ἕλληνας	chez les Grecs
τὸν χρυσὸν ἐκ Μήδων.	l'or venant de chez les Mèdes.
Μέγιστον δὲ πάντων,	Mais la plus grande chose de toutes,
τὸ καταλῦσαι	est d'avoir terminé
τοὺς πολέμους Ἑλληνικοὺς,	les guerres grecques,
καὶ διαλλάξαι τὰς πόλεις	et d'avoir réconcilié les villes
ἀλλήλαις,	les unes avec les autres,
πείσαντα	leur ayant persuadé
ἀναβαλέσθαι τὰς ἔχθρας	de différer les inimitiés
διὰ τὸν πόλεμον·	à-cause-de la guerre;
πρὸς ὃ καὶ λέγουσι	pour quoi aussi l'on dit
Χείλεων τὸν Ἀρκάδα	Chiléos l'Arcadien
συναγωνίσασθαι μάλιστα.	l'avoir aidé le plus.
VII. Παραλαβὼν δὲ	VII. Mais ayant reçu
τὴν ἀρχὴν,	le commandement,
εὐθὺς μὲν ἐπεχείρει	aussitôt il tentait
ἐμβιβάζειν τοὺς πολίτας	de faire-monter les citoyens
εἰς τὰς τριήρεις,	sur les galères,
καὶ ἔπεισεν	et leur persuada
ἐκλιπόντας τὴν πόλιν	ayant quitté la ville
ἀπαντᾶν τῷ βαρβάρῳ	d'aller-au-devant du barbare
κατὰ θάλασσαν	par mer
ὡς προσωτάτω τῆς Ἑλλάδος.	le plus loin possible de la Grèce.

κατὰ θάλασσαν. Ἐνισταμένων δὲ πολλῶν, ἐξήγαγε πολλὴν
στρατιὰν εἰς τὰ Τέμπη[1] μετὰ Λακεδαιμονίων, ὡς αὐτόθι προ-
κινδυνεύσων τῆς Θετταλίας, οὔπω τότε μηδίζειν δοκούσης. Ἐπεὶ
δ᾽ ἀνεχώρησαν ἐκεῖθεν ἄπρακτοι, καὶ Θετταλῶν βασιλεῖ προσ-
γενομένων, ἐμήδιζε τὰ μέχρι Βοιωτίας, μᾶλλον ἤδη τῷ Θεμιστοκλεῖ προσεῖχον οἱ Ἀθηναῖοι περὶ τῆς θαλάσσης, καὶ
πέμπεται μετὰ νεῶν ἐπ᾽ Ἀρτεμίσιον[2], τὰ στενὰ φυλάξων. Ἔνθα
δὴ τῶν μὲν Ἑλλήνων Εὐρυβιάδην καὶ Λακεδαιμονίους ἡγεῖσθαι
κελευόντων, τῶν δ᾽ Ἀθηναίων, ὅτι πλήθει τῶν νεῶν σύμπαντας
ὁμοῦ τι τοὺς ἄλλους ὑπερέβαλλον, οὐκ ἀξιούντων ἑτέροις ἕπεσθαι,
συνιδὼν τὸν κίνδυνον ὁ Θεμιστοκλῆς, αὐτός τε τὴν ἀρχὴν τῷ
Εὐρυβιάδῃ παρῆκε, καὶ κατεπράϋνε τοὺς Ἀθηναίους, ὑπισχνούμε-
νος, ἂν ἄνδρες ἀγαθοὶ γένωνται πρὸς τὸν πόλεμον, ἑκόντας αὐτοῖς

devant du barbare. Une vive opposition se soulève. Il conduit alors
avec les Lacédémoniens une nombreuse armée dans les vallons de
Tempé, pour défendre la Thessalie, qu'on ne croyait pas encore
du parti des Mèdes. On quitte ce poste, sans avoir rien fait; et
les Thessaliens s'étant déclarés pour le roi, tout le pays se fait
Mède jusqu'à la Béotie. Les Athéniens en reviennent donc au parti
de Thémistocle et d'une expédition sur mer, et on l'envoie avec
une flotte à Artémisium pour garder le détroit. Là, tous les autres
Grecs veulent déférer le commandement à Eurybiade et aux Lacédémoniens, tandis que les Athéniens, sous prétexte qu'ils ont à
eux seuls plus de vaisseaux que tous les autres Grecs ensemble,
refusent de se soumettre aux autres. Mais Thémistocle, compre-
nant le danger, cède de lui-même le commandement à Eurybiade
et adoucit les Athéniens, en leur promettant, s'ils se comportaient

Πολλῶν δὲ ἐνισταμένων,	Et beaucoup s'opposant,
ἐξήγαγε πολλὴν στρατιὰν	il emmena une nombreuse armée
εἰς τὰ Τέμπη	à Tempé
μετὰ Λακεδαιμονίων,	avec les Lacédémoniens,
ὡς αὐτόθι	comme là
προκινδυνεύσων τῆς Θετταλίας,	devant lutter-pour la Thessalie,
οὔπω δοκούσης τότε	qui ne paraissait pas encore alors
μηδίζειν.	être-du-parti-des-Mèdes.
Ἐπεὶ δὲ	Mais après que
ἀνεχώρησαν ἐκεῖθεν	ils furent revenus de là
ἄπρακτοι,	n'ayant-rien-fait,
καὶ Θετταλῶν	et que les Thessaliens
προσγενομένων βασιλεῖ,	s'étant joints au roi,
τὰ μέχρι Βοιωτίας	les pays jusqu'à la Béotie
ἐμήδιζεν,	étaient-du-parti-des-Mèdes,
ἤδη οἱ Ἀθηναῖοι	dès-lors les Athéniens
προσεῖχον μᾶλλον	écoutaient davantage
τῷ Θεμιστοκλεῖ	Thémistocle
περὶ τῆς θαλάσσης,	au-sujet-de la mer,
καὶ πέμπεται μετὰ νεῶν	et il est envoyé avec des vaisseaux
ἐπὶ Ἀρτεμίσιον,	à Artémisium,
φυλάξων τὰ στενά.	devant garder les détroits.
Ἔνθα δὴ τῶν Ἑλλήνων	Là donc les Grecs
κελευόντων	ordonnant
Εὐρυβιάδην καὶ Λακεδαιμονίους	Eurybiade et les Lacédémoniens
ἡγεῖσθαι,	commander,
τῶν δὲ Ἀθηναίων,	mais les Athéniens, [seaux
ὅτι πλήθει τῶν νεῶν	parce que par la multitude des vais-
ὑπερέβαλλον ὁμοῦ τι	ils surpassaient à peu près
τοὺς ἄλλους σύμπαντας,	les autres tous-ensemble,
οὐκ ἀξιούντων	ne jugeant-pas-convenable
ἕπεσθαι ἑτέροις,	de suivre d'autres,
ὁ Θεμιστοκλῆς	Thémistocle
συνιδὼν τὸν κίνδυνον,	ayant vu le danger, [ment
αὐτός τε παρῆκε τὴν ἀρχὴν	et lui-même céda le commande-
τῷ Εὐρυβιάδῃ,	à Eurybiade,
καὶ κατεπράϋνε τοὺς Ἀθηναίους,	et adoucit les Athéniens,
ὑπισχνούμενος,	promettant,
ἂν γένωνται ἄνδρες ἀγαθοὶ	s'ils sont hommes braves
πρὸς τὸν πόλεμον.	pour la guerre,

παρέξειν εἰς τὰ λοιπὰ πειθομένους τοὺς Ἕλληνας. Διόπερ δοκεῖ
τῆς σωτηρίας αἰτιώτατος γενέσθαι τῇ Ἑλλάδι, καὶ μάλιστα
τοὺς Ἀθηναίους προαγαγεῖν εἰς δόξαν, ὡς ἀνδρείᾳ μὲν τῶν πολεμίων, εὐγνωμοσύνῃ δὲ τῶν συμμάχων περιγενομένους. Ἐπεὶ
δὲ τοῖς Ἀφέταις τοῦ βαρβαρικοῦ στόλου προσμίξαντος, ἐκπλα-
γεὶς Εὐρυβιάδης τῶν κατὰ στόμα νεῶν τὸ πλῆθος, ἄλλας δὲ
πυνθανόμενος διακοσίας ὑπὲρ Σκιάθου κύκλῳ περιπλεῖν, ἐβούλετο
τὴν ταχίστην εἴσω τῆς Ἑλλάδος κομισθεὶς ἅψασθαι Πελοπον-
νήσου, καὶ τὸν πεζὸν στρατὸν ταῖς ναυσὶ προσπεριβαλέσθαι,
παντάπασιν ἀπρόσμαχον ἡγούμενος τὴν κατὰ θάλατταν ἀλκὴν
βασιλέως, δείσαντες οἱ Εὐβοεῖς, μὴ σφᾶς οἱ Ἕλληνες προῶνται,
κρύφα τῷ Θεμιστοκλεῖ διελέγοντο, Πελάγοντα μετὰ χρημάτων

en gens de cœur, d'agir plus tard de manière à ce que les Grecs se
soumissent à eux sans réserve. C'est ainsi qu'il fut le principal
auteur du salut de la Grèce, et que, grâce à lui, les Athéniens, en
particulier, eurent la gloire d'avoir vaincu les ennemis par leur
courage et les alliés par leurs égards. Cependant, lorsque la flotte
des barbares eut jeté l'ancre devant les Aphètes, Eurybiade, effrayé
à la vue de ces innombrables vaisseaux tous de front, apprenant
d'ailleurs que deux cents autres navires doublent l'île de Sciathos,
veut regagner au plus tôt l'intérieur de la Grèce, et se tenir près
des côtes du Péloponèse, afin que l'armée de terre soit à portée
de secourir celle de mer, convaincu qu'il était de l'impossibilité de
résister aux forces navales du roi. Alors les Eubéens, craignant de
se voir abandonnés par les Grecs, envoient secrètement à Thémistocle Pélagon, un des leurs, avec une somme considérable.

παρέξειν αὐτοῖς	devoir donner à eux
τοὺς Ἕλληνας πειθομένους	les Grecs obéissant
ἑκόντας,	le-voulant-bien (de plein gré)
εἰς τὰ λοιπά.	pour la suite.
Διόπερ δοκεῖ γενέσθαι	C'est-pourquoi il semble avoir été
αἰτιώτατος τῆς σωτηρίας	le plus cause du salut
τῇ Ἑλλάδι,	pour la Grèce,
καὶ προαγαγεῖν μάλιστα	et avoir avancé le plus
τοὺς Ἀθηναίους	les Athéniens
εἰς δόξαν,	vers la gloire,
ὡς περιγενομένους	comme ayant surpassé
ἀνδρείᾳ μὲν τῶν πολεμίων,	en courage les ennemis,
εὐγνωμοσύνῃ δὲ τῶν συμμάχων.	et en esprit-conciliant les alliés.
Ἐπεὶ δὲ	Mais après que
τοῦ στόλου βαρβαρικοῦ	la flotte barbare
προσμίξαντος τοῖς Ἀφέταις,	ayant abordé aux Aphètes,
Εὐρυβιάδης	Eurybiade
ἐκπλαγεὶς τὸ πλῆθος	ayant été effrayé de la multitude
τῶν νεῶν κατὰ στόμα,	des vaisseaux *rangés* de front,
πυνθανόμενος δὲ	et apprenant
διακοσίας ἄλλας	deux-cents autres
περιπλεῖν κύκλῳ	faire-le-tour en cercle
ὑπὲρ Σκιάθου,	au-dessus de Sciathos,
ἐβούλετο τὴν ταχίστην	voulait au plus vite
κομισθεὶς	s'étant transporté
εἴσω τῆς Ἑλλάδος	au-dedans-de la Grèce
ἅψασθαι Πελοποννήσου,	toucher le Péloponèse,
καὶ προσπεριβαλέσθαι ταῖς ναυσὶ	et mettre autour des vaisseaux
τὸν στρατὸν πεζὸν,	l'armée de-pied,
ἡγούμενος	pensant
τὴν ἀλκὴν βασιλέως	la force du roi
κατὰ θάλατταν	sur mer
παντάπασιν ἀπρόσμαχον,	tout à fait inattaquable,
οἱ Εὐβοεῖς δείσαντες	les Eubéens ayant craint
μὴ οἱ Ἕλληνες	que les Grecs
πρόωνται σφᾶς,	n'abandonnassent eux,
διελέγοντο κρύφα	s'entretenaient secrètement
τῷ Θεμιστοκλεῖ,	avec Thémistocle,
πέμψαντες Πελάγοντα	ayant envoyé Pélagon
μετὰ χρημάτων πολλῶν·	avec des sommes considérables,

πολλῶν πέμψαντες· ἃ λαβὼν ἐκεῖνος, ὡς Ἡρόδοτος ἱστόρηκε,
τοῖς περὶ τὸν Εὐρυβιάδην ἔδωκεν. Ἐναντιουμένου δὲ αὐτῷ μάλιστα τῶν πολιτῶν Ἀρχιτέλους, ὃς ἦν μὲν ἐπὶ τῆς ἱερᾶς νεὼς [1]
τριήραρχος, οὐκ ἔχων δὲ χρήματα τοῖς ναύταις χορηγεῖν, ἔσπευδεν ἀποπλεῦσαι, παρώξυνεν ἔτι μᾶλλον ὁ Θεμιστοκλῆς τοὺς
πολίτας ἐπ' αὐτὸν, ὥστε τὸ δεῖπνον ἁρπάσαι συνδραμόντας. Τοῦ
δ' Ἀρχιτέλους ἀθυμοῦντος ἐπὶ τούτῳ καὶ βαρέως φέροντος, εἰσέπεμψε Θεμιστοκλῆς πρὸς αὐτὸν ἐν κίστῃ δεῖπνον ἄρτων καὶ
κρεῶν, ὑποθεὶς κάτω τάλαντον ἀργυρίου, καὶ κελεύσας αὐτόν τε
δειπνεῖν ἐν τῷ παρόντι καὶ μεθ' ἡμέραν ἐπιμεληθῆναι τῶν
τριηριτῶν· εἰ δὲ μὴ, καταβοήσειν αὐτοῦ πρὸς τοὺς πολίτας, ὡς
ἔχοντος ἀργύριον παρὰ τῶν πολεμίων. Ταῦτα μὲν οὖν Φανίας
ὁ Λέσβιος εἴρηκεν.

VIII. Αἱ δὲ γενόμεναι τότε πρὸς τὰς τῶν βαρβάρων ναῦς περὶ

Thémistocle la reçoit, et aussitôt, si l'on en croit Hérodote, la
donne à Eurybiade. Mais un des citoyens d'Athènes, Architélès,
fit une vive résistance à Thémistocle, commandant de la trirème
sacrée. Architélès, qui manquait d'argent pour payer ses matelots,
se préparait à fuir. Thémistocle soulève contre lui ses concitoyens,
déjà mécontents : ils lui courent sus et lui enlèvent son souper.
Architélès s'indigne d'un procédé qui l'exaspère. Thémistocle lui
fait passer un panier de pain et de viandes pour souper, et au
fond un talent d'argent, avec l'ordre de souper tranquillement,
et, le lendemain, de satisfaire ses matelots, sinon qu'il serait dé-
noncé auprès des Athéniens, comme ayant reçu de l'argent des
ennemis. Tel est le récit de Phanias de Lesbos.

VIII. Les combats navals qu'on soutint alors dans le détroit

ἃ ἐκεῖνος λαβών,

lesquelles celui-là ayant prises,

ὡς Ἡρόδοτος ἱστόρηκεν,

comme Hérodote a raconté,

ἔδωκε

il les donna

τοῖς περὶ τὸν Εὐρυβιάδην.

à ceux autour d'Eurybiade.

Ἀρχιτέλους δὲ

Mais Architélès

ἐναντιουμένου αὐτῷ

faisant-opposition à lui

μάλιστα τῶν πολιτῶν,

le plus des citoyens,

ὃς ἦν μὲν τριήραρχος

qui à la vérité était triérarque

ἐπὶ τῆς νεὼς ἱερᾶς,

sur le vaisseau sacré,

οὐκ ἔχων δὲ χρήματα

mais n'ayant pas d'argent

χορηγεῖν τοῖς ναύταις,

à fournir aux matelots,

ἔσπευδεν ἀποπλεῦσαι,

avait-hâte de mettre-à-la voile,

ὁ Θεμιστοκλῆς

Thémistocle

παρώξυνεν ἔτι μᾶλλον

excita encore davantage

τοὺς πολίτας ἐπὶ αὐτόν,

les citoyens contre lui,

ὥστε συνδραμόντας

au-point-que ayant couru

ἁρπάσαι

lui avoir enlevé (ils lui enlevèrent)

τὸ δεῖπνον.

le souper.

Τοῦ δὲ Ἀρχιτέλους

Et Architélès

ἀθυμοῦντος ἐπὶ τούτῳ

étant fâché à-cause-de cela

καὶ φέροντος βαρέως,

et le supportant avec-peine,

Θεμιστοκλῆς

Thémistocle

εἰσέπεμψε πρὸς αὐτὸν

envoya vers lui

ἐν κίστῃ

dans une corbeille

δεῖπνον ἄρτων καὶ κρεῶν,

un souper de pain et de viande,

ὑποθεὶς κάτω

ayant mis dessous

τάλαντον ἀργυρίου,

un talent d'argent,

καὶ κελεύσας

et ayant ordonné

αὐτὸν δειπνεῖν τε ἐν τῷ παρόντι

lui et souper dans le présent

καὶ μετὰ ἡμέραν

et le jour d'après (le lendemain)

ἐπιμεληθῆναι τῶν τριηριτῶν·

prendre-soin des matelots;

εἰ δὲ μή,

et sinon,

καταβοήσειν αὐτοῦ

disant devoir décrier lui

πρὸς τοὺς πολίτας,

auprès des citoyens,

ὡς ἔχοντος ἀργύριον

comme ayant de l'argent

παρὰ τῶν πολεμίων.

reçu des ennemis.

Ὁ μὲν οὖν Φανίας ὁ Λέσβιος

Du moins Phanias le Lesbien

εἴρηκε ταῦτα.

a dit ces choses.

VIII. Αἱ δὲ μάχαι

VIII. Et les combats.

γενόμεναι τότε

qui eurent-lieu alors

τὰ στενὰ μάχαι κρίσιν μὲν εἰς τὰ ὅλα μεγάλην οὐκ ἐποίησαν,
τῇ δὲ πείρᾳ μάλιστα τοὺς Ἕλληνας ὤνησαν, ὑπὸ τῶν ἔργων
παρὰ τοὺς κινδύνους διδαχθέντας, ὡς οὔτε πλήθη νεῶν, οὔτε
κόσμοι καὶ λαμπρότητες ἐπισήμων, οὔτε κραυγαὶ κομπώδεις, ἢ
βάρβαροι παιᾶνες, ἔχουσί τι δεινὸν ἀνδράσιν ἐπισταμένοις εἰς
χεῖρας ἰέναι καὶ μάχεσθαι τολμῶσιν, ἀλλὰ δεῖ, τῶν τοιούτων
καταφρονοῦντας, ἐπ᾽ αὐτὰ τὰ σώματα φέρεσθαι, καὶ πρὸς ἐκεῖνα
διαγωνίζεσθαι συμπλακέντας. Ὁ δὴ καὶ Πίνδαρος οὐ κακῶς
ἔοικε συνιδὼν ἐπὶ τῆς ἐπ᾽ Ἀρτεμισίῳ μάχης εἰπεῖν·

> Ὅθι παῖδες Ἀθαναίων ἐβάλοντο φαεννὰν
> κρηπῖδ᾽ ἐλευθερίας·

ἀρχὴ γὰρ ὄντως τοῦ νικᾷν τὸ θαρρεῖν. Ἔστι δὲ τῆς Εὐβοίας τὸ
Ἀρτεμίσιον ὑπὲρ τὴν Ἑστίαιαν αἰγιαλὸς εἰς βορέαν ἀναπεπτα-
μένος· ἀντιτείνει δὲ αὐτῷ μάλιστα τῆς ὑπὸ Φιλοκτήτῃ γενο-

contre les barbares, ne furent pas, en réalité, bien décisifs,
mais, par le fait, ils furent avantageux aux Grecs. Ils y firent
l'essai de leurs forces : ils y apprirent, par la lutte même, que ni
le nombre des vaisseaux, ni la pompe et la magnificence des ornements, ni les clameurs insolentes, ni les péans barbares ne
sont faits pour effrayer des hommes qui savent en venir aux
mains et résolus à combattre : qu'il n'y a qu'à mépriser tout cela,
fondre sur le corps des ennemis, et lutter dans la mêlée. C'est ce
que Pindare semble avoir bien compris, quand il a dit de la bataille d'Artémisium :

> Vous y jetiez, enfants d'Athènes,
> L'illustre fondement de notre liberté.

Et de fait, le commencement de la victoire, c'est l'audace. Artémisium est un promontoire de l'île d'Eubée, qui s'étend au sep-
tentrion au-dessus d'Hestiée : en face est Olizon, dans le pays où

πρὸς τὰς ναῦς τῶν βαρβάρων	contre es vaisseaux des barbares
περὶ τὰ στενὰ,	dans le détroit,
οὐκ ἐποίησαν μὲν	ne firent (n'eurent) pas à la vérité
μεγάλην κρίσιν	une grande décision (influence)
εἰς τὰ ὅλα,	sur l'ensemble,
τῇ δὲ πείρᾳ μάλιστα	mais par l'essai surtout
ὤνησαν τοὺς Ἕλληνας,	ils furent-avantageux aux Grecs,
διδαχθέντας ὑπὸ τῶν ἔργων	instruits par les faits *mêmes*
παρὰ τοὺς κινδύνους,	dans les dangers,
ὡς οὔτε πλήθη νεῶν,	que ni multitudes de vaisseaux,
οὔτε κόσμοι	ni ornements
καὶ λαμπρότητες ἐπισήμων,	et magnificences d'insignes,
οὔτε κραυγαὶ κομπώδεις,	ni cris insolents,
ἢ παιᾶνες βάρβαροι,	ou péans barbares,
ἔχουσί τι δεινὸν	*n'*ont quelque chose de terrible
ἀνδράσιν ἐπισταμένοις	pour des hommes qui savent
ἰέναι εἰς χεῖρας	en venir aux mains
καὶ τολμῶσι μάχεσθαι,	et qui osent combattre,
ἀλλὰ δεῖ,	mais *qu'*il faut,
καταφρονοῦντας τῶν τοιούτων,	méprisant les choses telles,
φέρεσθαι	se porter
ἐπὶ τὰ σώματα αὐτὰ,	contre les corps mêmes,
καὶ διαγωνίζεσθαι πρὸς ἐκεῖνα	et lutter avec ceux-là
συμπλακέντας.	s'étant enlacés.
Ὁ δὴ καὶ Πίνδαρος	Ce que donc aussi Pindare
ἔοικε συνιδὼν οὐ κακῶς	semble ayant remarqué non mal
εἰπεῖν ἐπὶ τῆς μάχης	avoir dit sur le combat
ἐπὶ Ἀρτεμισίῳ ·	à Artémisium :
« Ὅθι παῖδες Ἀθαναίων	« Où les fils des Athéniens
ἐβάλοντο κρηπῖδα φαεννὰν	jetèrent la base brillante
ἐλευθερίας· »	de la liberté; »
ὄντως γὰρ τὸ θαῤῥεῖν	car réellement le avoir-confiance
ἀρχὴ τοῦ νικᾶν.	*est* le commencement du vaincre.
Τὸ δὲ Ἀρτεμίσιον	Or le *promontoire* Artémisium
τῆς Εὐβοίας	de l'Eubée (en Eubée)
ἐστὶν αἰγιαλὸς	est un rivage
ὑπὲρ τὴν Ἑστίαιαν	au-dessus de l'Hestiée
ἀναπεπταμένος εἰς βορέαν ·	étendu (s'étendant) vers le nord;
Ὀλιζὼν δὲ	et Olizon
τῆς χώρας	*ville* de la contrée

μένης χώρας Ὀλιζῶν. Ἔχει δὲ ναὸν οὐ μέγαν Ἀρτέμιδος ἐπί-
κλησιν Προσηῴας, καὶ δένδρα περὶ αὐτῷ πέφυκε, καὶ στῆλαι
κύκλῳ λίθου λευκοῦ πεπήγασιν· ὁ δὲ λίθος, τῇ χειρὶ τριβόμενος,
καὶ χρόαν καὶ ὀσμὴν κροκίζουσαν ἀναδίδωσιν. Ἐν μιᾷ δὲ τῶν
στηλῶν ἐλεγεῖον ἦν τόδε γεγραμμένον·

Παντοδαπῶν ἀνδρῶν γενεὰς Ἀσίης ἀπὸ χώρας
παῖδες Ἀθηναίων τῷδέ ποτ' ἐν πελάγει
ναυμαχίῃ δαμάσαντες, ἐπεὶ στρατὸς ὤλετο Μήδων,
σήματα ταῦτ' ἔθεσαν παρθένῳ Ἀρτέμιδι.

Δείκνυται δὲ τῆς ἀκτῆς τόπος ἐν πολλῇ τῇ πέριξ θινὶ χόνιν τε-
φρώδη καὶ μέλαιναν ἐκ βάθους ἀναδιδοὺς, ὥσπερ πυρίκαυτον,
ἐν ᾧ τὰ ναυάγια καὶ τοὺς νεκροὺς καῦσαι δοκοῦσιν.

IX. Τῶν μέντοι περὶ Θερμοπύλας εἰς τὸ Ἀρτεμίσιον ἀπαγγελ-

régna jadis Philoctète. Il y a sur le promontoire un petit temple,
consacré à Diane, surnommée Orientale : il est entouré d'un bois
et d'une colonnade en pierre blanche. Cette pierre, frottée avec la
main, rend l'odeur du safran et en prend la couleur. Sur une des
colonnes sont gravés ces vers élégiaques :

Des milliers de soldats étaient venus d'Asie :
Les fils des Athéniens, dans un combat naval,
Ont vaincu cette flotte et l'ont anéantie,
Puis à Diane offert cet autel triomphal.

On montre, sur le rivage, un endroit où le sable, dans un assez
grand rayon, est mêlé d'une poussière de cendres, comme noir-
cies au feu : c'est là, dit-on, que furent brûlés les débris des
vaisseaux et les cadavres.

IX. Cependant, quand on apprend à Artémisium ce qui s'était

γενομένης ὑπὸ Φιλοκτήτῃ	qui a été sous Philoctète
ἀντιτείνει αὐτῷ μάλιστα.	s'étend-en-face-de lui le plus.
Ἔχει δὲ ναὸν οὐ μέγαν	Et il a un temple non grand
Ἀρτέμιδος Προσηῴας ἐπίκλησιν,	de Minerve Orientale de surnom,
καὶ δένδρα	et des arbres
πέφυκε περὶ αὐτῷ,	ont poussé autour de lui,
καὶ κύκλῳ	et en cercle (autour)
στῆλαι λίθου λευκοῦ	des colonnes de pierre blanche
πεπήγασιν·	sont fichées en terre;
ὁ δὲ λίθος,	et la pierre,
τριβόμενος τῇ χειρὶ,	frottée avec la main,
ἀναδίδωσι καὶ χρόαν	rend et une couleur
καὶ ὀσμὴν κροκίζουσαν.	et une odeur safranée.
Ἐν μιᾷ δὲ τῶν στηλῶν	Et sur l'une des colonnes
τόδε ἐλεγεῖον	ces vers-élégiaques
ἦν γεγραμμένον·	étaient inscrits :
« Παῖδες Ἀθηναίων,	« Les fils des Athéniens,
δαμάσαντές ποτε	ayant dompté un jour
ναυμαχίῃ	dans une bataille-navale
ἐν τῷδε πελάγει	sur cette mer
γενεὰς ἀνδρῶν παντοδαπῶν	des races d'hommes de-toute-sorte
ἀπὸ χώρας Ἀσίης,	venus de la terre d'Asie,
ἐπεὶ στρατὸς Μήδων	après que l'armée des Mèdes
ὤλετο,	eut péri,
ἔθεσαν ταῦτα σήματα	ont élevé ces marques
παρθένῳ Ἀρτέμιδι. »	à la vierge Diane. »
Τόπος δὲ τῆς ἀκτῆς	Et un lieu du rivage
δείκνυται	est montré
ἐν τῇ θινὶ πολλῇ πέριξ	dans la plage étendue qui est autour
ἀναδιδοὺς ἐκ βάθους	rendant depuis la profondeur
κόνιν τεφρώδη	une poussière de-cendres
καὶ μέλαιναν,	et noire,
ὥσπερ πυρίκαυτον,	comme brûlée-par-le-feu,
ἐν ᾧ δοκοῦσι	lieu dans lequel on croit
καῦσαι	les Athéniens avoir brûlé
τὰ ναυάγια	les débris-des-vaisseaux
καὶ τοὺς νεκρούς.	et les cadavres.
IX. Τῶν μέντοι	IX. Cependant les événements
περὶ Θερμοπύλας	autour des Thermopyles
ἀπαγγελθέντων	ayant été annoncés

θέντων, πυθόμενοι Λεωνίδαν τε κεῖσθαι, καὶ κρατεῖν Ξέρξην τῶν κατὰ γῆν παρόδων, εἴσω τῆς Ἑλλάδος ἀνεκομίζοντο, τῶν Ἀθηναίων ἐπὶ πᾶσι τεταγμένων, καὶ δι' ἀρετὴν μέγα τοῖς πεπραγμένοις φρονούντων. Παραπλέων δὲ τὴν χώραν ὁ Θεμιστοκλῆς, ᾗ κατάρσεις ἀναγκαίας καὶ καταφυγὰς ἑώρα τοῖς πολεμίοις, ἐνεχάραττε κατὰ τῶν λίθων ἐπιφανῆ γράμματα, τοὺς μὲν εὑρίσκων ἀπὸ τύχης, τοὺς δ' αὐτὸς ἱστὰς περὶ τὰ ναύλοχα καὶ τὰς ὑδρείας, ἐπισκήπτων Ἴωσι διὰ γραμμάτων, εἰ μὲν οἷόν τε, μετατάξασθαι πρὸς αὐτούς, πατέρας ὄντας καὶ προκινδυνεύοντας ὑπὲρ τῆς ἐκείνων ἐλευθερίας, εἰ δὲ μή, κακοῦν τὸ βαρβαρικὸν ἐν ταῖς μάχαις καὶ συνταράττειν. Ταῦτα δ' ἤλπιζεν ἢ μεταστήσειν τοὺς Ἴωνας, ἢ ταράξειν, ὑπόπτους τοῖς βαρβάροις γενομένους. Ξέρξου

passé aux Thermopyles, la mort de Léonidas, et l'occupation des passages de terre par Xerxès, on rentre dans l'intérieur de la Grèce; les Athéniens ferment la marche, tout fiers de leurs exploits. Thémistocle côtoyait le rivage, et aux endroits où il voyait que les ennemis ne manqueraient pas de jeter l'ancre et de relâcher, il faisait graver de grandes lettres, ou sur les pierres que lui offrait le hasard, ou sur d'autres qu'il faisait placer dans les lieux de relâche et d'aiguade. Ces inscriptions s'adressaient aux Ioniens: elles les engageaient à venir, s'il était possible, se réunir à leurs pères, à ceux qui s'exposaient les premiers pour défendre leur liberté. S'ils ne le pouvaient pas, du moins devaient-ils essayer de harceler l'armée barbare et d'y jeter le désordre. Il espérait par là soit attirer à lui les Ioniens, soit les effrayer en les rendant sus-

εἰς τὸ Ἀρτεμίσιον,	à Artémisium,
πυθόμενοι	ayant appris
Λεωνίδαν τε κεῖσθαι,	et Léonidas être étendu (mort),
καὶ Ξέρξην κρατεῖν	et Xerxès être-maître
τῶν παρόδων κατὰ γῆν,	des passages par terre,
ἀνεχομίζοντο	ils revenaient
εἴσω τῆς Ἑλλάδος,	à l'intérieur de la Grèce,
τῶν Ἀθηναίων	les Athéniens [mant la marche),
τεταγμένων ἐπὶ πᾶσι,	étant rangés à-la-suite de tous (fer-
καὶ φρονούντων μέγα	et pensant grandement (étant fiers)
διὰ ἀρετὴν	à-cause-de leur valeur
τοῖς πεπραγμένοις.	des choses faites.
Ὁ δὲ Θεμιστοκλῆς,	Mais Thémistocle,
παραπλέων τὴν χώραν,	voguant-le-long du pays,
ᾗ ἑώρα	où il voyait
κατάρσεις ἀναγκαίας	des débarquements nécessaires
καὶ καταφυγὰς τοῖς πολεμίοις,	et des refuges pour les ennemis,
ἐνεχάραττε κατὰ τῶν λίθων	gravait sur les pierres
γράμματα ἐπιφανῆ,	des lettres visibles;
εὑρίσκων μὲν τοὺς ἀπὸ τύχης,	trouvant les unes par hasard,
ἱστὰς δὲ τοὺς αὐτὸς	et dressant les autres lui-même
περὶ τὰ ναύλοχα	autour des relâches
καὶ τὰς ὑδρείας,	et des aiguades,
ἐπισκήπτων Ἴωσι	recommandant aux Ioniens
διὰ γραμμάτων,	par ces lettres,
εἰ μὲν οἷόν τε,	si cela était possible,
μετατάξασθαι πρὸς αὐτούς,	de passer à eux (aux Grecs),
ὄντας πατέρας	qui étaient leurs pères
καὶ προκινδυνεύοντας	et qui s'exposaient [niens),
ὑπὲρ τῆς ἐλευθερίας ἐκείνων,	pour la liberté de ceux-là (des Io-
εἰ δὲ μή,	et si non,
κακοῦν τὸ βαρβαρικὸν	de maltraiter les barbares
ἐν ταῖς μάχαις	dans les combats
καὶ συνταράττειν.	et de les mettre-en-désordre.
Ἤλπιζε δὲ ταῦτα	Or il espérait ces écrits
ἢ μεταστήσειν	ou devoir faire-faire-défection
τοὺς Ἴωνας,	aux Ioniens,
ἢ ταράξειν,	ou devoir les effrayer,
γενομένους ὑπόπτους	étant devenus suspects
τοῖς βαρβάροις.	aux barbares.

δὲ διὰ τῆς Δωρίδος ἄνωθεν ἐμβαλόντος εἰς τὴν Φωκίδα, καὶ τὰ
τῶν Φωκέων ἄστη πυρπολοῦντος, οὐ προσήμυνον οἱ Ἕλληνες,
καίπερ τῶν Ἀθηναίων δεομένων εἰς τὴν Βοιωτίαν ἀπαντῆσαι
πρὸ τῆς Ἀττικῆς, ὥσπερ αὐτοὶ κατὰ θάλατταν ἐπ᾽ Ἀρτεμίσιον
ἐβοήθησαν. Μηδενὸς δ᾽ ὑπακούοντος αὐτοῖς, ἀλλὰ τῆς Πελοπον-
νήσου περιεχομένων, καὶ πᾶσαν ἐντὸς Ἰσθμοῦ[1] τὴν δύναμιν
ὡρμημένων συνάγειν, καὶ διατειχιζόντων τὸν Ἰσθμὸν εἰς θάλατταν ἐκ θαλάττης, ἅμα μὲν ὀργὴ τῆς προδοσίας εἶχε τοὺς Ἀθηναίους, ἅμα δὲ δυσθυμία καὶ κατήφεια μεμονωμένους. Μάχεσθαι
μὲν γὰρ οὐ διενοοῦντο μυριάσι στρατοῦ τοσαύταις, ὃ δ᾽ ἦν μόνον
ἀναγκαῖον ἐν τῷ παρόντι, τὴν πόλιν ἀφέντας ἐμφῦναι ταῖς ναυ-
σιν· ὅπερ οἱ πολλοὶ χαλεπῶς ἤκουον, ὡς μήτε νίκης δεόμενοι,

pects aux barbares. Cependant Xerxès, pénétrant par la Doride
supérieure dans la Phocide, brûle et saccage les villes des Pho-
céens, sans que les Grecs viennent les secourir, et malgré les
prières des Athéniens qui demandent qu'on aille faire tête à l'ennemi dans la Béotie, afin de couvrir l'Attique, comme ils sont
allés eux-mêmes par mer à Artémisium pour la défense commune.
Personne ne les écoute : on ne songe qu'au Péloponèse, on veut
rassembler en deçà de l'isthme toutes les forces de la Grèce et le
fermer d'une muraille d'une mer à l'autre. Cette trahison irrite les
Athéniens et les jette dans le découragement et la tristesse. Ainsi
abandonnés, ils ne peuvent songer à combattre une armée de tant
de myriades. L'unique parti qu'il leur reste à prendre, c'est de
laisser Athènes et de monter sur leurs vaisseaux. Mais le peuple
ne peut s'y résoudre, persuadé que la victoire n'est plus néces-

Ξέρξου δὲ	Mais Xerxès
ἐμβαλόντος εἰς τὴν Φωκίδα	s'étant jeté sur la Phocide
διὰ τῆς Δωρίδος ἄνωθεν,	par la Doride d'en haut (supérieure),
καὶ πυρπολοῦντος	et incendiant
τὰ ἄστη τῶν Φωκέων,	les villes des Phocéens,
οἱ Ἕλληνες οὐ προσήμυνον,	les Grecs ne secouraient pas,
καίπερ τῶν Ἀθηναίων	quoique les Athéniens
δεομένων ἀπαντῆσαι	priant d'aller-à-la-rencontre
εἰς τὴν Βοιωτίαν	en Béotie
πρὸ τῆς Ἀττικῆς,	pour *couvrir* l'Attique,
ὥσπερ αὐτοὶ κατὰ θάλασσαν	comme eux-mêmes par mer
ἐβοήθησαν	s'étaient portés-au-secours
ἐπὶ Ἀρτεμίσιον.	à Artémisium.
Μηδενὸς δὲ	Mais personne
ὑπακούοντος αὐτοῖς,	n'écoutant eux,
ἀλλὰ περιεχομένων	mais *tous* étant occupés
τῆς Πελοποννήσου,	du Péloponèse,
καὶ ὡρμημένων	et ayant formé-le-dessein
συνάγειν πᾶσαν τὴν δύναμιν	de rassembler toute l'armée
ἐντὸς Ἰσθμοῦ,	en dedans (en-deçà) de l'Isthme,
καὶ διατειχιζόντων	et traversant-d'un-rempart
τὸν Ἰσθμὸν	l'Isthme
ἐκ θαλάττης εἰς θάλατταν,	d'une mer à *l'autre* mer,
ἅμα μὲν ὀργῇ	en-même-temps une colère
τῆς προδοσίας,	de la trahison,
ἅμα δὲ	et en-même-temps
δυσθυμία	un découragement
καὶ κατήφεια	et un abattement
εἶχε τοὺς Ἀθηναίους	possédait les Athéniens
μεμονωμένους.	isolés.
Οὐ μὲν γὰρ διενοοῦντο	Car ils ne songeaient pas
μάχεσθαι	à combattre
τοσαύταις μυριάσι στρατοῦ,	tant-de myriades d'armée,
ὃ δὲ ἦν μόνον ἀναγκαῖον	mais ce qui était seul nécessaire
ἐν τῷ παρόντι,	dans le présent,
ἀφέντας τὴν πόλιν	ayant abandonné la ville
ἐμφῦναι ταῖς ναυσίν·	à s'attacher aux vaisseaux;
ὅπερ οἱ πολλοὶ	ce que la plupart
ἤκουον χαλεπῶς,	écoutaient difficilement,
ὡς μήτε δεόμενοι	comme et n'ayant-pas-besoin

μήτε σωτηρίαν ἐπιστάμενοι θεῶν τε ἱερὰ καὶ πατέρων ἠρία προϊεμένων.

X. Ἔνθα δὴ Θεμιστοκλῆς ἀπορῶν τοῖς ἀνθρωπίνοις λογισμοῖς προσάγεσθαι τὸ πλῆθος, ὥσπερ ἐν τραγῳδίᾳ μηχανὴν ἄρας, σημεῖα δαιμόνια καὶ χρησμοὺς ἐπῆγεν αὐτοῖς, σημεῖον μὲν λαμβάνων τὸ τοῦ δράκοντος[1], ὃς ἀφανὴς ἐκείναις ταῖς ἡμέραις ἐκ τοῦ σηκοῦ δοκεῖ γενέσθαι· καὶ τὰς καθ᾽ ἡμέραν αὐτῷ προτιθεμένας ἀπαρχὰς εὑρίσκοντες ἀψαύστους οἱ ἱερεῖς, ἐξήγγελλον εἰς τοὺς πολλοὺς, Θεμιστοκλέους λόγον διδόντος, ὡς ἀπολέλοιπε τὴν πόλιν ἡ θεὸς ὑφηγουμένη πρὸς τὴν θάλατταν αὐτοῖς. Τῷ δὲ χρησμῷ πάλιν ἐδημαγώγει, λέγων μηδὲν ἄλλο δηλοῦσθαι ξύλινον τεῖχος, ἢ τὰς ναῦς· διὸ καὶ τὴν Σαλαμῖνα θείαν[2], οὐχὶ δειλὴν, οὐδὲ σχετλίαν, καλεῖν τὸν θεὸν, ὡς εὐτυχήματος

saire et qu'il n'y a plus de salut possible, si l'on abandonne les autels des dieux et les tombeaux des ancêtres.

X. Alors Thémistocle, désespérant de déterminer le peuple par des raisonnements humains, recourt, comme à une machine de tragédie, aux prodiges et aux oracles. Pour prodige il use du dragon de Minerve, qu'on ne vit point ces jours-là et qu'on crut disparu du sanctuaire. En même temps les prêtres trouvent intactes les oblations qu'on lui faisait chaque jour : d'où ils répandent parmi le peuple, à l'instigation de Thémistocle, que la déesse a quitté la ville, en leur montrant le chemin de la mer. Quant à l'oracle, il l'explique ainsi au peuple : les murailles de bois dont parle le dieu ne sont pas autre chose que les vaisseaux : c'est pour cela que le dieu appelle Salamine divine, et non point malheureuse et funeste : elle doit donner son nom à un éclatant succès des Grecs.

νίκης	de victoire
μήτε ἐπιστάμενοι σωτηρίαν	et ne sachant pas de salut
προϊεμένων	de (pour des) gens abandonnant
ἱερά τε θεῶν	et les temples des dieux
καὶ ἠρία πατέρων.	et les tombeaux des pères.
X. Ἔνθα δὴ Θεμιστοκλῆς	X. Là donc Thémistocle
ἀπορῶν	étant embarrassé
προσάγεσθαι τὸ πλῆθος	pour gagner la multitude
τοῖς λογισμοῖς ἀνθρωπίνοις,	par les raisonnements humains,
ὥσπερ ἐν τραγῳδίᾳ	comme dans une tragédie
ἄρας μηχανὴν,	ayant fait-lever une machine,
ἐπῆγεν αὐτοῖς	amena à eux
σημεῖα δαιμόνια	des signes divins
καὶ χρησμοὺς,	et des oracles,
λαμβάνων μὲν σημεῖον	prenant *pour* signe
τὸ τοῦ δράκοντος,	la *circonstance* du dragon,
ὃς δοχεῖ	qui paraît
γενέσθαι ἀφανὴς ἐκ τοῦ σηκοῦ	avoir été disparu de l'enceinte
ἐκείναις ταῖς ἡμέραις·	ces jours-là;
καὶ οἱ ἱερεῖς	et les prêtres
εὑρίσκοντες ἀψαύστους	trouvant non-touchées
τὰς ἀπαρχὰς	les oblations
προτιθεμένας αὐτῷ	présentées à lui
κατὰ ἡμέραν,	*jour* par jour (tous les jours),
ἐξήγγελλον εἰς τοὺς πολλούς,	annonçaient à la multitude,
Θεμιστοκλέους διδόντος λόγον,	Thémistocle donnant le mot,
ὡς ἡ θεὸς	que la déesse
ἀπολέλοιπε τὴν πόλιν,	a quitté la ville,
ὑφηγουμένη αὐτοῖς	guidant eux
πρὸς τὴν θάλατταν.	vers la mer.
Πάλιν δὲ	Et d'autre-part
ἐδημαγώγει τῷ χρησμῷ,	il gagnait-le-peuple par l'oracle,
λέγων	disant
μηδὲν ἄλλο τεῖχος ξύλινον	aucun autre rempart de-bois
ἢ τὰς ναῦς	que les vaisseaux
δηλοῦσθαι·	être indiqué;
διὸ καὶ	*il disait* pour-cela aussi
τὸν θεὸν καλεῖν τὴν Σαλαμῖνα	le dieu appeler Salamine
θείαν,	divine,
οὐχὶ δειλὴν, οὐδὲ σχετλίαν,	non malheureuse, ni funeste,

μεγάλου τοῖς Ἕλλησιν ἐπώνυμον ἐσομένην. Κρατήσας δὲ τῇ
γνώμῃ, ψήφισμα γράφει, τὴν μὲν πόλιν παρακαταθέσθαι τῇ
Ἀθηνᾷ τῇ Ἀθηναίων μεδεούσῃ, τοὺς δ' ἐν ἡλικίᾳ πάντας
ἐμβαίνειν εἰς τὰς τριήρεις, παῖδας δὲ καὶ γυναῖκας καὶ ἀνδρά-
ποδα σώζειν ἕκαστον ὡς δυνατόν. Κυρωθέντος δὲ τοῦ ψηφίσματος, οἱ πλεῖστοι τῶν Ἀθηναίων ὑπεξέθεντο γονέας καὶ γυναῖκας
εἰς Τροιζῆνα[1], φιλοτίμως πάνυ τῶν Τροιζηνίων ὑποδεχομένων.
Καὶ γὰρ τρέφειν ἐψηφίσαντο δημοσίᾳ, δύο ὀβολοὺς[2] ἑκάστῳ δι-
δόντες, καὶ τῆς ὀπώρας λαμβάνειν τοὺς παῖδας ἐξεῖναι παντα-
χόθεν, ἔτι δ' ὑπὲρ αὐτῶν διδασκάλοις τελεῖν μισθούς. Τὸ δὲ
ψήφισμα Νικαγόρας ἔγραψεν. Οὐκ ὄντων δὲ δημοσίων χρημάτων τοῖς Ἀθηναίοις, Ἀριστοτέλης μέν φησι τὴν ἐξ Ἀρείου
πάγου βουλὴν, πορίσασαν ἑκάστῳ τῶν στρατευομένων ὀκτὼ

Son avis prévaut, et il dresse un décret par lequel les Athéniens
mettent leur ville sous la garde de Minerve, protectrice des Athéniens, et qui enjoint à tout homme en âge de porter les armes,
de s'embarquer sur la flotte, avec ordre de pourvoir de son mieux
à la sûreté de sa femme, de ses enfants et de ses esclaves. Le
décret est ratifié, et la plupart des Athéniens envoient leurs parents et leurs femmes à Trézène, où on leur fait le plus généreux
accueil. Les Trézéniens ordonnent qu'ils seront nourris aux dé-
pens du public : ils leur assignent à chacun deux oboles par jour,
permettent aux enfants de cueillir des fruits partout où il leur
plaira, et fournissent aux frais des maîtres chargés de les instruire.
Ce décret fut rédigé par Nicagoras. Le trésor d'Athènes était vide :
l'Aréopage, suivant Aristote, donna huit drachmes d'argent à
chaque soldat, et c'est à lui qu'on dut ainsi les moyens de com-

ὡς ἐσομένην ἐπώνυμον	comme devant être donnant-le-nom
μεγάλου εὐτυχήματος	à un grand succès
τοῖς Ἕλλησι.	pour les Grecs.
Κρατήσας δὲ τῇ γνώμῃ,	Et l'ayant emporté par l'avis,
γράφει ψήφισμα,	il rédige un décret,
παρακαταθέσθαι μὲν τὴν πόλιν	de confier la ville
τῇ Ἀθηνᾷ	à Minerve
τῇ μεδεούσῃ Ἀθηναίων,	celle protégeant les Athéniens,
πάντας δὲ τοὺς ἐν ἡλικίᾳ	et tous ceux en âge *de combattre*
ἐμβαίνειν εἰς τὰς τριήρεις,	monter sur les galères,
ἕκαστον δὲ σώζειν	et chacun mettre-en-sûreté
παῖδας καὶ γυναῖκας	enfants et femmes
καὶ ἀνδράποδα	et esclaves
ὡς δυνατόν·	comme *cela est* possible.
Τοῦ δὲ ψηφίσματος	Et le décret
κυρωθέντος,	ayant été ratifié,
οἱ πλεῖστοι τῶν Ἀθηναίων	la plupart des Athéniens
ὑπεξέθεντο εἰς Τροιζῆνα	mirent-en-dépôt à Trézène
γονέας καὶ γυναῖκας,	*leurs* parents et *leurs* femmes,
τῶν Τροιζηνίων ὑποδεχομένων	les Trézéniens *les* recevant
πάνυ φιλοτίμως.	tout à fait avec-empressement.
Καὶ γὰρ ἐψηφίσαντο	Et en effet ils décrétèrent
τρέφειν δημοσίᾳ,	de *les* nourrir aux-frais-du-public,
διδόντες ἑκάστῳ	donnant à chacun
δύο ὀβολοὺς,	deux oboles,
καὶ ἐξεῖναι	et *décidant* être permis
τοὺς παῖδας	les enfants
λαμβάνειν πανταχόθεν	prendre de-tous-côtés
τῆς ὀπώρας,	des fruits,
ἔτι δὲ	et encore
τελεῖν μισθοὺς ὑπὲρ αὐτῶν	de payer des salaires pour eux
τοῖς διδασκάλοις.	aux maîtres.
Νικαγόρας δὲ	Et Nicagoras
ἔγραψε τὸ ψήφισμα.	rédigea le décret.
Χρημάτων δὲ δημοσίων	Mais des fonds publics
οὐκ ὄντων τοῖς Ἀθηναίοις,	n'étant pas aux Athéniens,
Ἀριστοτέλης μέν φησι	Aristote dit [réopage),
τὴν βουλὴν ἐκ πάγου Ἀρείου,	le conseil de la colline-de-Mars (l'a-
πορίσασαν ὀκτὼ δραχμὰς	ayant fourni huit drachmes
ἑκάστῳ	à chacun

3

δραχμὰς [1], αἰτιωτάτην γενέσθαι τοῦ πληρωθῆναι τὰς τριήρεις·
Κλείδημος [2] δὲ καὶ τοῦτο Θεμιστοκλέους ποιεῖται στρατήγημα.
Καταβαινόντων γὰρ εἰς Πειραιᾶ τῶν Ἀθηναίων, φησὶν ἀπολέσθαι
τὸ Γοργόνειον [3] ἀπὸ τῆς θεοῦ τοῦ ἀγάλματος· τὸν οὖν Θεμιστοκλέα προσποιούμενον ζητεῖν, καὶ διερευνώμενον ἅπαντα, χρημάτων εὑρίσκειν πλῆθος ἐν ταῖς ἀποσκευαῖς ἀποκεκρυμμένων·
ὧν εἰς μέσον κομισθέντων, εὐπορῆσαι τοὺς ἐμβαίνοντας εἰς
τὰς ναῦς ἐφοδίων. Ἐκπλεούσης δὲ τῆς πόλεως, τοῖς μὲν
οἶκτον τὸ θέαμα, τοῖς δὲ θαῦμα τῆς τόλμης παρεῖχε, γενεὰς
μὲν ἄλλη προπεμπόντων, αὐτῶν δ᾽ ἀκάμπτων πρὸς οἰμωγὰς καὶ
δάκρυα γονέων καὶ περιβολάς, διαπερώντων εἰς τὴν νῆσον.
Καίτοι πολλοὶ μὲν διὰ γῆρας ἀπολιμπανόμενοι τῶν πολιτῶν
ἔλεον εἶχον· ἦν δέ τις καὶ ἀπὸ τῶν ἡμέρων καὶ συντρόφων

pléter l'armement des trirèmes; mais Clidémus suppose que cet
argent provenait d'un stratagème de Thémistocle. Selon lui, lorsque les Athéniens furent descendus au Pirée, la Gorgone de la
statue de Minerve se trouva perdue : Thémistocle, fouillant partout, sous prétexte de la chercher, trouva une grande quantité
d'argent que chacun avait caché dans ses bagages. Cet argent fut
mis à la disposition de l'État, et les soldats purent faire les provi-
sions nécessaires. Enfin, la ville est à flot : spectacle digne tout
ensemble de pitié et d'admiration pour l'audace de ces hommes,
qui envoient ainsi leurs parents dans une ville étrangère et qui
passent à Salamine, sans se laisser ébranler par les gémissements,
les larmes et les embrassements de leurs familles. Mais ce qui ex-
cite surtout la compassion, c'est cette foule de vieillards que leur

τῶν στρατευομένων,	de ceux qui faisaient l'expédition,
γενέσθαι αἰτιωτάτην	avoir été le plus cause
τοῦ τὰς τριήρεις πληρωθῆναι·	de ceci les galères être remplies;
Κλείδημος δὲ	mais Clidème
ποιεῖται καὶ τοῦτο	fait encore de ceci
στρατήγημα Θεμιστοκλέους.	un stratagème de Thémistocle.
Τῶν γὰρ Ἀθηναίων	Car les Athéniens
καταβαινόντων εἰς Πειραιᾶ,	descendant vers le Pirée,
φησὶ τὸ Γοργόνειον	il dit l'insigne de-la-Gorgone
ἀπολέσθαι	avoir été perdu
ἀπὸ τοῦ ἀγάλματος τῆς θεοῦ·	de la statue de la déesse;
τὸν οὖν Θεμιστοκλέα,	Thémistocle donc,
προσποιούμενον ζητεῖν	feignant de le chercher,
καὶ διερευνώμενον ἅπαντά,	et fouillant toutes choses,
εὑρίσκειν	trouver
πλῆθος χρημάτων	une grande-quantité d'argent
ἀποκεκρυμμένων	caché
ἐν ταῖς ἀποσκευαῖς·	dans les bagages;
ὧν κομισθέντων	lequel ayant été apporté
εἰς μέσον,	au milieu,
τοὺς ἐμβαίνοντας εἰς τὰς ναῦς	ceux qui montaient sur les vaisseaux
εὐπορῆσαι	avoir été-bien-munis
ἐφοδίων.	de provisions-de-route.
Τῆς δὲ πόλεως	Mais la ville
ἐκπλεούσης,	s'en-allant-à-la-voile,
τὸ θέαμα παρεῖχε	le spectacle causait
τοῖς μὲν οἶκτον,	aux uns de la pitié,
τοῖς δὲ	aux autres
θαῦμα τῆς τόλμης,	de l'admiration du (pour le)courage,
προπεμπόντων μὲν ἄλλη	ces hommes envoyant ailleurs
γενεάς,	leurs familles,
αὐτῶν δὲ ἀκάμπτων	et eux-mêmes inflexibles
πρὸς οἰμωγὰς καὶ δάκρυα	aux gémissements et aux larmes
καὶ περιβολὰς γονέων,	et aux embrassements des parents,
διαπερώντων εἰς τὴν νῆσον.	passant dans l'île.
Καίτοι πολλοὶ μὲν τῶν πολιτῶν	Toutefois beaucoup des citoyens
ἀπολιμπανόμενοι διὰ γῆρας	étant laissés à-cause-de la vieillesse
εἶχον	avaient (inspiraient)
ἔλεον·	de la compassion;
ἦν δὲ	et il y avait

ζώων ἐπικλῶσα γλυκυθυμία μετ' ὠρυγῆς καὶ πόθου συμπαραθέον-
των ἐμβαίνουσι τοῖς ἑαυτῶν τροφεῦσιν. Ἐν οἷς ἱστορεῖται κύων
Ξανθίππου τοῦ Περικλέους πατρὸς, οὐκ ἀνασχόμενος τὴν ἀπ'
αὐτοῦ μόνωσιν, ἐναλέσθαι τῇ θαλάττῃ, καὶ τῇ τριήρει παρανη-
χόμενος, ἐμπεσεῖν εἰς τὴν Σαλαμῖνα, καὶ λειποθυμήσας ἀπο-
θανεῖν εὐθύς· οὗ καὶ τὸ δεικνύμενον ἄχρι νῦν καὶ καλούμενον
Κυνὸς σῆμα τάφον εἶναι λέγουσι.

XI. Ταῦτα δὴ μεγάλα τοῦ Θεμιστοκλέους. Καὶ τοὺς πολίτας
αἰσθόμενος ποθοῦντας Ἀριστείδην, καὶ δεδιότας, μὴ δι' ὀργὴν
τῷ βαρβάρῳ προσθεὶς ἑαυτὸν ἀνατρέψῃ τὰ πράγματα τῆς Ἑλλάδος (ἐξωστράκιστο γὰρ πρὸ τοῦ πολέμου καταστασιασθεὶς ὑπὸ
Θεμιστοκλέους), γράφει ψήφισμα, τοῖς ἐπὶ χρόνῳ μεθεστῶσιν

âge ne permet point de transporter. Joignez-y l'attendrissement
causé par la vue des animaux domestiques et privés, qui courent
çà et là sur le rivage, avec des hurlements plaintifs, des cris de
regret pour ceux qui les ont nourris. On cite entre autres le chien
de Xanthippe, père de Périclès : il ne put se résoudre à quitter
son maître, s'élança dans la mer et nagea près du vaisseau jusqu'à
Salamine, où il expira aussitôt, épuisé de fatigue. On montre
encore un endroit appelé le Tombeau du Chien, où l'on dit qu'il
fut enterré.

XI. Voilà de belles actions de Thémistocle ; ce n'est pas tout.
S'apercevant que ses concitoyens regrettaient Aristide et craignaient
que le ressentiment ne le portât à se joindre aux barbares et à
ruiner les affaires de la Grèce (car c'était avant la guerre que la
faction de Thémistocle l'avait fait condamner par l'ostracisme), il
propose un décret, en vertu duquel tous les citoyens bannis pour

τὶς γλυκυθυμία ἐπικλῶσα	une douceur attendrissante
καὶ ἀπὸ τῶν ζώων	*provenant* aussi des animaux
ἡμέρων καὶ συντρόφων	apprivoisés et domestiques
συμπαραθεόντων	accourant
μετὰ ὠρυγῆς καὶ πόθου	avec hurlement et regret
τοῖς τροφεῦσιν ἑαυτῶν	près des nourrisseurs d'eux-mêmes
ἐμβαίνουσιν.	s'embarquant.
Ἐν οἷς ἱστορεῖται	Parmi lesquels est raconté
κυὼν Ξανθίππου	un chien de Xanthippe
τοῦ πατρὸς Περικλέους,	le père de Périclès,
οὐκ ἀνασχόμενος	n'ayant pas supporté
τὴν μόνωσιν ἀπὸ αὐτοῦ,	la séparation de lui,
ἐναλέσθαι τῇ θαλάττῃ,	avoir sauté dans la mer,
καὶ παρανηχόμενος τῇ τριήρει,	et nageant-auprès de la galère,
ἐμπεσεῖν εἰς τὴν Σαλαμῖνα,	être arrivé à Salamine,
καὶ λειποθυμήσας	et ayant manqué-de-souffle
ἀποθανεῖν εὐθύς·	être mort aussitôt;
οὗ καὶ λέγουσι	duquel aussi on dit
τὸ σῆμα	le monument
δεικνύμενον ἄχρι νῦν	montré jusqu'à présent
καὶ καλούμενον Κυνὸς	et appelé *monument* du Chien
εἶναι τάφον.	être le tombeau.
XI. Ταῦτα δὴ μεγάλα	XI. Ces choses donc *sont* grandes
τοῦ Θεμιστοκλέους.	de Thémistocle.
Καὶ αἰσθόμενος	Et ayant remarqué
τοὺς πολίτας	les citoyens
ποθοῦντας Ἀριστείδην,	regrettant Aristide,
καὶ δεδιότας	et craignant
μὴ προσθεὶς ἑαυτὸν	qu'ayant adjoint lui-même
διὰ ὀργὴν	par colère
τῷ βαρβάρῳ,	au barbare,
ἀνατρέψῃ	il ne renversât
τὰ πράγματα τῆς Ἑλλάδος	les affaires de la Grèce
(ἐξωστράκιστο γὰρ	(car il avait été banni-par-ostracisme
πρὸ τοῦ πολέμου,	avant la guerre,
καταστασιασθεὶς	ayant été poursuivi-d'une-faction
ὑπὸ Θεμιστοκλέους),	par Thémistocle),
γράφει ψήφισμα,	il rédige un décret,
ἐξεῖναι	être-permis
τοῖς μεθεστῶσιν ἐπὶ χρόνῳ	à ceux bannis à temps

ἐξεῖναί κατελθοῦσι πράττειν καὶ λέγειν τὰ βέλτιστα τῇ Ἑλλάδι
μετὰ τῶν ἄλλων πολιτῶν. Εὐρυβιάδου δὲ τὴν μὲν ἡγεμονίαν τῶν
νεῶν ἔχοντος διὰ τὸ τῆς Σπάρτης ἀξίωμα, μαλακοῦ δὲ περὶ τὸν
κίνδυνον ὄντος, αἴρειν δὲ βουλομένου καὶ πλεῖν ἐπὶ τὸν Ἰσθμὸν,
ὅπου καὶ τὸ πεζὸν ἤθροιστο τῶν Πελοποννησίων, ὁ Θεμιστοκλῆς
ἀντέλεγεν· ὅτε καὶ τὰ μνημονευόμενα λεχθῆναί φασι. Τοῦ γὰρ
Εὐρυβιάδου πρὸς αὐτὸν εἰπόντος· « Ὦ Θεμιστόκλεις, ἐν τοῖς
ἀγῶσι τοὺς προεξανισταμένους ῥαπίζουσι. » « Ναί, εἶπεν ὁ
Θεμιστοκλῆς, ἀλλὰ τοὺς ἀπολειφθέντας οὐ στεφανοῦσιν. » Ἐπα-
ραμένου δὲ τὴν βακτηρίαν ὡς πατάξοντος, ὁ Θεμιστοκλῆς ἔφη·
« Πάταξον μὲν, ἄκουσον δέ. » Θαυμάσαντος δὲ τὴν πραότητα
τοῦ Εὐρυβιάδου, καὶ λέγειν κελεύσαντος, ὁ Θεμιστοκλῆς ἀνῆγεν
αὐτὸν ἐπὶ τὸν λόγον. Εἰπόντος δέ τινος ὡς ἀνὴρ ἄπολις οὐκ
ὀρθῶς διδάσκει τοὺς ἔχοντας ἐγκαταλιπεῖν καὶ προέσθαι τὰς

un temps sont autorisés à revenir, pour faire et pour dire avec
les autres citoyens ce qu'ils croient le plus utile à la Grèce. Eurybiade, que l'influence de Sparte avait fait nommer chef suprême
de la flotte, était un homme qui mollissait en face du danger : il
voulait mettre à la voile et naviguer vers l'Isthme, où s'était ras-
semblée l'armée de terre des Péloponésiens. Thémistocle s'y op-
pose, et c'est à cette occasion qu'il fit ses réponses mémorables.
« Thémistocle, lui dit Eurybiade, dans les jeux publics, ceux qui
partent avant le signal, on les soufflette.—Oui, répond Thémistocle,
mais ceux qui restent les derniers, on ne les couronne point. »
Eurybiade lève son bâton comme pour frapper, Thémistocle lui
dit : « Frappe, mais écoute.» Eurybiade, étonné de tant de dou-
ceur, l'invite à parler. Thémistocle commence à le ramener à son
avis. Quelqu'un dit alors qu'il ne sied pas à un homme sans ville

κατελθοῦσι	étant revenus
πράττειν καὶ λέγειν	de faire et de dire [Grèce
τὰ βέλτιστα τῇ Ἑλλάδι	les choses les meilleures pour la
μετὰ τῶν ἄλλων πολιτῶν.	avec les autres citoyens.
Εὐρυβιάδου δὲ	Mais Eurybiade
ἔχοντος μὲν τὴν ἡγεμονίαν	ayant le commandement
τῶν νεῶν	des vaisseaux
διὰ τὸ ἀξίωμα	à-cause-de la prééminence
τῆς Σπάρτης,	de Sparte,
ὄντος δὲ μαλακοῦ	mais étant mou
περὶ τὸν κίνδυνον,	dans le danger,
βουλομένου δὲ αἴρειν	et voulant lever *l'ancre*
καὶ πλεῖν ἐπὶ τὸν Ἰσθμὸν,	et naviguer vers l'Isthme,
ὅπου καὶ ἤθροιστο	où aussi avait été rassemblée
τὸ πεζὸν τῶν Πελοποννησίων,	l'armée de-terre des Péloponésiens,
ὁ Θεμιστοκλῆς ἀντέλεγεν·	Thémistocle contredisait ;
ὅτε καί φασι	*circonstance* où aussi on dit
τὰ μνημονευόμενα λεχθῆναι.	les *paroles* citées avoir été dites.
Τοῦ γὰρ Εὐρυβιάδου	Car Eurybiade
εἰπόντος πρὸς αὐτόν·	ayant dit à lui :
« Ὦ Θεμιστόκλεις,	« O Thémistocle,
ἐν τοῖς ἀγῶσι ῥαπίζουσι	dans les jeux on soufflette
τοὺς προεξανισταμένους. »	ceux qui partent-avant. »
« Ναὶ, εἶπέν ὁ Θεμιστοκλῆς,	« Oui, dit Thémistocle,
ἀλλὰ οὐ στεφανοῦσι	mais on ne couronne pas
τοὺς ἀπολειφθέντας. »	ceux laissés-en-arrière. »
Ἐπαραμένου δὲ	Et *Eurybiade* ayant levé
τὴν βακτηρίαν	le bâton
ὡς πατάξοντος,	comme devant frapper,
ὁ Θεμιστοκλῆς ἔφη·	Thémistocle dit :
« Πάταξον μὲν, ἄκουσον δέ. »	« Frappe, mais écoute. »
Τοῦ δὲ Εὐρυβιάδου	Et Eurybiade
θαυμάσαντος τὴν πραότητα,	ayant admiré la douceur,
καὶ κελεύσαντος λέγειν,	et *l'*ayant engagé à parler,
ὁ Θεμιστοκλῆς	Thémistocle
ἀνῆγεν αὐτὸν ἐπὶ τὸν λόγον.	ramenait lui à son raisonnement.
Τινὸς δὲ εἰπόντος	Et quelqu'un ayant dit
ὡς ἀνὴρ ἄπολις	qu'un homme sans-ville
οὐ διδάσκει ὀρθῶς	n'enseigne pas avec-raison
τοὺς ἔχοντας	à ceux qui *en* ont *une*

πατρίδας, ὁ Θεμιστοκλῆς ἐπιστρέψας τὸν λόγον· « Ἡμεῖς τοι,
εἶπεν, ὦ μοχθηρὲ, τὰς μὲν οἰκίας καὶ τὰ τείχη καταλελοίπα-
μεν, οὐκ ἀξιοῦντες ἀψύχων ἕνεκα δουλεύειν· πόλις δ᾽ ἡμῖν ἐστι
μεγίστη τῶν Ἑλληνίδων, αἱ διακόσιαι τριήρεις, αἳ νῦν ὑμῖν πα-
ρεστᾶσι βοηθοὶ σώζεσθαι δι᾽ αὐτῶν βουλομένοις. Εἰ δ᾽ ἄπιτε
δεύτερον ἡμᾶς προδόντες, αὐτίκα πεύσεταί τις Ἑλλήνων Ἀθηναίους καὶ πόλιν ἐλευθέραν καὶ χώραν οὐ χείρονα κεκτημένους
ἧς ἀπέβαλον. » Ταῦτα τοῦ Θεμιστοκλέους εἰπόντος, ἔννοια καὶ
δέος ἔσχε τὸν Εὐρυβιάδην τῶν Ἀθηναίων, μὴ σφᾶς ἀπολιπόντες
οἴχωνται. Τοῦ δ᾽ Ἐρετριέως πειρωμένου τι λέγειν πρὸς αὐτόν·
« Ἦ γάρ, ἔφη, καὶ ὑμῖν περὶ πολέμου τίς ἐστι λόγος, οἳ,
καθάπερ αἱ τευθίδες, μάχαιραν μὲν ἔχετε, καρδίαν δὲ οὐκ
ἔχετε ; »

de conseiller à ceux qui en ont de les abandonner et de trahir
leurs patries. Thémistocle, rétorquant le mot : « Misérable, dit-il,
si nous avons abandonné nos maisons et nos murailles, c'est que
nous n'avons pas voulu devenir esclaves pour des choses inanimées.
Mais il nous reste encore la plus grande des villes de la Grèce, ce
sont ces deux cents trirèmes qui sont ici pour vous secourir, si
vous voulez être sauvés. Mais si vous partez, si vous nous trahissez
une seconde fois, bientôt on entendra dire parmi les Grecs que les
Athéniens possèdent une ville libre, un pays non moins beau que
celui qu'ils ont perdu. » Eurybiade, à ces paroles de Thémistocle,
comprend avec terreur l'abandon où pourra le laisser la retraite des
Athéniens. Un Érétrien veut prendre la parole : « Comment, dit
Thémistocle, vous parlez aussi de guerre, vous qui, comme les
teuthides, avez une épée et pas de cœur ! »

ἐγκαταλιπεῖν καὶ προέσθαι	de quitter et d'abandonner
τὰς πατρίδας,	leurs patries,
Θεμιστοκλῆς	Thémistocle
ἐπιστρέψας τὸν λόγον·	ayant rétorqué le mot :
« Ἡμεῖς τοι, εἶπεν,	« Nous certes, dit-il,
ὦ μοχθηρὲ,	ô pervers,
καταλελοίπαμεν μὲν	nous avons quitté
τὰς οἰκίας καὶ τὰ τείχη,	les maisons et les remparts,
οὐκ ἀξιοῦντες δουλεύειν	ne jugeant-pas-beau d'être-esclaves
ἕνεκα ἀψύχων·	à-cause d'objets inanimés ;
πόλις δέ ἐστιν ἡμῖν	mais une ville est à nous
μεγίστη τῶν Ἑλληνίδων,	la plus grande des villes grecques,
αἱ διακόσιαι τριήρεις,	les deux-cents galères,
αἳ νῦν παρεστᾶσι	qui maintenant sont-présentes
βοηθοὶ	auxiliaires
ὑμῖν βουλομένοις	à vous voulant (si vous voulez)
σώζεσθαι διὰ αὐτῶν.	être sauvés par elles.
Εἰ δὲ ἄπιτε	Mais si vous vous en allez
προδόντες ἡμᾶς δεύτερον,	ayant trahi nous une-seconde-fois,
αὐτίκα τις Ἑλλήνων	bientôt quelqu'un des Grecs
πεύσεται Ἀθηναίους	apprendra les Athéniens
κεκτημένους	possédant
καὶ πόλιν ἐλευθέραν	et une ville libre
καὶ χώραν οὐ χείρονα	et une contrée non pire
ἧς ἀπέβαλον. »	que celle qu'ils ont perdue. »
Τοῦ Θεμιστοκλέους	Thémistocle
εἰπόντος ταῦτα,	ayant dit ces choses,
ἔννοια	la réflexion
καὶ δέος τῶν Ἀθηναίων	et la crainte des Athéniens
ἔσχε τὸν Εὐρυβιάδην,	posséda Eurybiade,
μὴ οἴχωνται	de peur qu'ils ne partissent
ἀπολιπόντες σφᾶς.	ayant abandonné eux.
Τοῦ δὲ Ἐρετριέως πειρωμένου	Et l'Érétrien essayant
λέγειν τι πρὸς αὐτόν·	de dire quelque chose à lui :
« Ἦ γὰρ, ἔφη,	« Est-ce que donc, dit-il,
τὶς λόγος περὶ πολέμου	quelque parole sur la guerre
ἐστὶ καὶ ὑμῖν,	est aussi à vous,
οἳ, καθάπερ αἱ τευθίδες,	qui, comme les sèches,
ἔχετε μὲν μάχαιραν,	avez à la vérité une épée,
οὐκ ἔχετε δὲ καρδίαν; »	mais n'avez pas de cœur ? »

XII. Λέγεται δ' ὑπό τινων, τὸν μὲν Θεμιστοκλέα περὶ τούτων ἀπὸ τοῦ καταστρώματος ἄνωθεν τῆς νεὼς διαλέγεσθαι, γλαῦκα[1] δ' ὀφθῆναι διαπετομένην ἐπὶ τὰ δεξιὰ τῶν νεῶν, καὶ τοῖς καρχησίοις ἐπικαθίζουσαν· διὸ δὴ καὶ μάλιστα προσέθεντο τῇ γνώμῃ, καὶ παρεσκευάζοντο ναυμαχήσοντες. Ἀλλ' ἐπεὶ τῶν πολεμίων ὁ στόλος, τῇ Ἀττικῇ κατὰ τὸ Φαληρικὸν προσφερόμενος, τοὺς πέριξ ἀπέκρυψεν αἰγιαλοὺς, αὐτός τε βασιλεὺς μετὰ τοῦ πεζοῦ στρατοῦ καταβὰς ἐπὶ τὴν θάλατταν ἄθρους ὤφθη, τῶν δυνάμεων ὁμοῦ γενομένων, ἐξερρύησαν οἱ τοῦ Θεμιστοκλέους λόγοι τῶν Ἑλλήνων, καὶ πάλιν ἐπάπταινον οἱ Πελοποννήσιοι πρὸς τὸν Ἰσθμὸν, εἴ τις ἄλλο τι λέγοι χαλεπαίνοντες. Ἐδόκει δὲ τῆς νυκτὸς ἀποχωρεῖν, καὶ παρηγγέλλετο πλοῦς τοῖς κυβερνήταις.

XII. Quelques-uns disent qu'au moment où Thémistocle parlait ainsi sur le tillac de son vaisseau, on vit une chouette voler vers la droite de la flotte et se poser sur le haut d'un mât. Ce présage range décidément les Grecs à l'opinion de Thémistocle et les décide à combattre sur mer. Mais quand la flotte ennemie se montre sur les côtes de l'Attique, vers le port de Phalère, et couvre tous les rivages d'alentour, quand le roi lui-même est descendu vers la mer avec son armée de terre et a déployé aux yeux cette foule immense, alors les raisons de Thémistocle s'effacent de l'esprit des Grecs : les Péloponésiens tournent de nouveau leurs regards vers l'Isthme et ne souffrent pas même qu'on leur propose quelque autre avis. Il est donc résolu qu'on partira la nuit même, e l'ordre de mettre à la voile es donné aux pilotes. Thémistocle, voyant avec

XII. Λέγεται δὲ
ὑπό τινων,
τὸν μὲν Θεμιστόκλέα
διαλέγεσθαι περὶ τούτων
ἀπὸ τοῦ καταστρώματος
ἄνωθεν τῆς νεὼς,
γλαῦκα δὲ ὀφθῆναι
διαπετομένην
ἐπὶ τὰ δεξιὰ τῶν νεῶν,
καὶ ἐπικαθίζουσαν
τοῖς καρχησίοις·
διὸ δὴ καὶ μάλιστα
προσέθεντο τῇ γνώμῃ,
καὶ παρεσκευάζοντο
ναυμαχήσοντες.
Ἀλλὰ ἐπεὶ
ὁ στόλος τῶν πολεμίων,
προσφερόμενος τῇ Ἀττικῇ
κατὰ τὸ Φαληρικὸν,
ἀπέκρυψε
τοὺς αἰγιαλοὺς πέριξ,
βασιλεύς τε αὐτὸς
καταβὰς ἐπὶ τὴν θάλατταν
μετὰ τοῦ στρατοῦ πεζοῦ
ὤφθη
ἄθρους,
τῶν δυνάμεων
γενομένων ὁμοῦ,
οἱ λόγοι τοῦ Θεμιστοκλέους
ἐξερρύησαν τῶν Ἑλλήνων,
καὶ οἱ Πελοποννήσιοι
ἐπάπταινον πάλιν
πρὸς τὸν Ἰσθμὸν,
χαλεπαίνοντες
εἴ τις
λέγοι τι ἄλλο.
Ἐδόκει δὲ
ἀποχωρεῖν τῆς νυκτὸς,
καὶ πλοῦς παρηγγέλλετο
τοῖς κυβερνήταις.

XII. Et il est dit
par quelques-uns,
Thémistocle
s'entretenir sur ces choses
depuis le tillac
en haut du vaisseau,
et une chouette avoir été vue
volant
vers la droite des vaisseaux,
et se posant
sur les hunes;
c'est-pourquoi donc aussi surtout
ils se rangèrent à son avis,
et se préparaient
devant livrer-bataille-navale.
Mais après que
la flotte des ennemis,
se portant sur l'Attique
vers le *port* de-Phalères,
eut caché (couvert)
les rivages alentour,
et que le roi lui-même
étant descendu vers la mer
avec l'armée de-pied
fut vu
en-masse (avec ses forces réunies),
les forces
s'étant trouvées ensemble,
les discours de Thémistocle
s'écoulèrent de *l'esprit des* Grecs,
et les Péloponésiens
regardaient de nouveau
vers l'Isthme,
se fâchant
si quelqu'un
disait quelque autre chose.
Et il était résolu
de s'en aller la nuit,
et la navigation était ordonnée
aux pilotes.

Ἔνθα δὴ βαρέως φέρων ὁ Θεμιστοκλῆς, εἰ τὴν ἀπὸ τοῦ τόπου καὶ τῶν στενῶν προέμενοι βοήθειαν οἱ Ἕλληνες διαλυθήσονται κατὰ πόλεις, ἐβουλεύετο καὶ συνετίθει τὴν περὶ τὸν Σίκινον πραγματείαν. Ἦν δὲ τῷ γένει Πέρσης ὁ Σίκινος αἰχμάλωτος [1], εὔνους δὲ τῷ Θεμιστοκλεῖ, καὶ τῶν τέκνων αὐτοῦ παιδαγωγός· ὃν ἐκπέμπει πρὸς τὸν Πέρσην κρύφα, κελεύσας λέγειν, ὅτι Θεμιστοκλῆς, ὁ τῶν Ἀθηναίων στρατηγός, αἱρούμενος τὰ βασιλέως, ἐξαγγέλλει πρῶτος αὐτῷ τοὺς Ἕλληνας ἀποδιδράσκοντας, καὶ διακελεύεται μὴ παρεῖναι φυγεῖν αὐτοῖς, ἀλλ᾽ ἐν ᾧ ταράττονται τῶν πεζῶν χωρὶς ὄντες, ἐπιθέσθαι καὶ διαφθεῖραι τὴν ναυτικὴν δύναμιν. Ταῦτα δ᾽ ὁ Ξέρξης ὡς ἀπ᾽ εὐνοίας λελεγμένα δεξάμενος, ἥσθη, καὶ τέλος εὐθὺς ἐξέφερε πρὸς τοὺς ἡγεμόνας τῶν νεῶν, τὰς μὲν ἄλλας πληροῦν καθ᾽ ἡσυχίαν, διακοσίαις δ᾽

douleur que les Grecs, en se dispersant chacun dans leurs villes, vont perdre tout l'avantage que leur donnent la nature du lieu et l'étroitesse du passage, imagine la ruse dont l'instrument fut Sicinus. Sicinus était un prisonnier de guerre, Perse de naissance, mais ami de Thémistocle et pédagogue de ses enfants. Thémistocle l'envoie secrètement au Perse, avec ordre de lui dire que Thémistocle, général des Athéniens, dévoué aux intérêts du roi, lui fait donner le premier l'avis que les Grecs songent à prendre la fuite : il lui conseille donc de ne pas les laisser échapper, mais de profiter, pour attaquer et anéantir leurs forces navales, du trouble où les jette l'absence de leurs troupes de terre. Xerxès, qui ne voit dans cet avis qu'une preuve de bienveillance, en est ravi et fait porter aussitôt aux chefs des navires l'ordre d'embarquer à loisir leurs troupes dans tous les vaisseaux, mais d'en dépêcher immé-

Ἔνθα δὴ ὁ Θεμιστοκλῆς	Là donc Thémistocle
φέρων βαρέως,	supportant avec-peine,
εἰ οἱ Ἕλληνες	si les Grecs
προέμενοι τὴν βοήθειαν	ayant abandonné l'aide
ἀπὸ τοῦ τόπου καὶ τῶν στενῶν,	à *tirer* du lieu et des détroits,
διαλυθήσονται κατὰ πόλεις.	se disperseront dans les villes,
ἐβουλεύετο	méditait
καὶ συνετίθει τὴν πραγματείαν	et arrangeait la machination
περὶ τὸν Σίκινον.	concernant Sicinus.
Ὁ δὲ Σίκινος	Or Sicinus
ἦν Πέρσης τῷ γένει	était Perse de naissance
αἰχμάλωτος,	prisonnier-de-guerre,
εὔνους δὲ	mais bienveillant
τῷ Θεμιστοκλεῖ,	pour Thémistocle,
καὶ παιδαγωγὸς	et gouverneur
τῶν τέκνων αὐτοῦ·	des enfants de lui;
ὃν ἐκπέμπει κρύφα	lequel il envoie secrètement
πρὸς τὸν Πέρσην,	auprès du Perse,
κελεύσας λέγειν	*lui* ayant ordonné de dire
ὅτι Θεμιστοκλῆς,	que Thémistocle,
ὁ στρατηγὸς τῶν Ἀθηναίων,	le général des Athéniens,
αἱρούμενος τὰ βασιλέως,	préférant les *intérêts* du roi,
ἐξαγγέλλει πρῶτος αὐτῷ	révèle le premier à lui
τοὺς Ἕλληνας ἀποδιδράσκοντας,	les Grecs prenant-la-fuite,
καὶ διακελεύεται·	et *l'*engage
μὴ παρεῖναι αὐτοῖς φυγεῖν,	à ne pas permettre à eux de fuir,
ἀλλὰ ἐπιθέσθαι	mais à fondre-sur *eux*
ἐν ᾧ ταράττονται	pendant qu'ils sont troublés
ὄντες χωρὶς τῶν πεζῶν,	étant sans les *forces* de-pied,
καὶ διαφθεῖραι	et à détruire
τὴν δύναμιν ναυτικήν.	la force navale.
Ὁ δὲ Ξέρξης	Et Xerxès
δεξάμενος ταῦτα	ayant accueilli ces choses
ὡς λελεγμένα ἀπὸ εὐνοίας,	comme dites par bienveillance,
ἥσθη,	fut réjoui,
καὶ εὐθὺς ἐξέφερε τέλος	et aussitôt édicta un ordre
πρὸς τοὺς ἡγεμόνας τῶν νεῶν,	aux commandants des vaisseaux,
πληροῦν μὲν τὰς ἄλλας	de remplir les autres
κατὰ ἡσυχίαν,	en repos (à loisir),
ἀναχθέντας δὲ ἤδη	mais ayant mis-à-la-voile aussitôt

ἀναχθέντας ἤδη περιβαλέσθαι τὸν πόρον ἐν κύκλῳ πάντα, καὶ
διαζῶσαι τὰς νήσους¹, ὅπως ἐκφύγῃ μηδεὶς τῶν πολεμίων. Τούτων δὲ πραττομένων, Ἀριστείδης ὁ Λυσιμάχου πρῶτος αἰσθόμενος ἧκεν ἐπὶ τὴν σκηνὴν τοῦ Θεμιστοκλέους, οὐκ ὢν φίλος,
ἀλλὰ καὶ δι' ἐκεῖνον ἐξωστρακισμένος, ὥσπερ εἴρηται, προελ-
θόντι δὲ τῷ Θεμιστοκλεῖ φράζει τὴν κύκλωσιν. Ὁ δὲ, τήν τ'
ἄλλην καλοκαγαθίαν τοῦ ἀνδρὸς εἰδὼς, καὶ τῆς τότε παρουσίας
ἀγάμενος, φράζει τὰ περὶ τὸν Σίκινον αὐτῷ, καὶ παρεκάλει
τῶν Ἑλλήνων συνεπιλαμβάνεσθαι καὶ συμπροθυμεῖσθαι, πίστιν
ἔχοντα μᾶλλον, ὅπως ἐν τοῖς στενοῖς ναυμαχήσωσιν. Ὁ μὲν οὖν
Ἀριστείδης, ἐπαινέσας τὸν Θεμιστοκλέα, τοὺς ἄλλους ἐπῄει
στρατηγοὺς καὶ τριηράρχους, ἐπὶ τὴν μάχην παροξύνων. Ἔτι
δ' ὅμως ἀπιστούντων, ἐφάνη Τηνία τριήρης αὐτόμολος, ἧς

diatement deux cents pour se saisir de tous les passages du détroit
et pour cerner les îles, de manière à ce qu'aucun ennemi ne
puisse échapper. Ce mouvement s'accomplit. Aristide, fils de
Lysimaque, s'en apercevant le premier, se rend à la tente de Thémistocle, dont il n'était pas l'ami, et qui l'avait fait bannir, comme
il a été dit. Thémistocle sort à sa rencontre. Aristide lui dit qu'ils
sont enveloppés. Thémistocle, qui connaissait sa probité et que
charmait son retour, lui découvre ce qu'il avait fait par l'entremise
de Sicinus, et le prie de retenir les Grecs et de travailler avec lui,
puisqu'il avait toute leur confiance, à les faire combattre dans le
détroit. Aristide approuve Thémistocle, va trouver les généraux et
les triérarques, et les engage vivement au combat. Ils doutaient
cependant qu'il n'y eût plus d'issue, lorsqu'une trirème de Ténos,

διακοσίαις	avec deux-cents
περιβαλέσθαι ἐν κύκλῳ	d'envelopper en cercle
πάντα τὸν πόρον,	tout le passage,
καὶ διαζῶσαι τὰς νήσους,	et de ceindre les îles,
ὅπως μηδεὶς τῶν πολεμίων	afin qu'aucun des ennemis
ἐκφύγῃ.	ne s'échappât.
Τούτων δὲ πραττομένων,	Et ces choses se faisant,
Ἀριστείδης ὁ Λυσιμάχου	Aristide le *fils* de Lysimaque
αἰσθόμενος πρῶτος	s'*en* étant aperçu le premier
ἦκεν ἐπὶ τὴν σκηνὴν	vint à la tente
τοῦ Θεμιστοκλέους,	de Thémistocle,
οὐκ ὢν φίλος,	n'étant pas ami, [ostracisme
ἀλλὰ καὶ ἐξωστρακισμένος	mais même ayant été banni-par-
διὰ ἐκεῖνον,	à-cause-de celui-là,
ὥσπερ εἴρηται,	comme il a été dit,
φράζει δὲ τὴν κύκλωσιν	et il explique l'enveloppement
τῷ Θεμιστοκλεῖ προελθόντι.	à Thémistocle s'étant avancé.
Ὁ δὲ, εἰδώς τε	Mais celui-ci, et connaissant
τὴν καλοκαγαθίαν ἄλλην	l'honnêteté dans-le-reste
τοῦ ἀνδρὸς,	de l'homme (d'Aristide),
καὶ ἀγάμενος	et ayant été-content
τῆς παρουσίας τότε,	de sa présence alors,
φράζει αὐτῷ	explique à lui
τὰ περὶ τὸν Σίκιννον,	les choses concernant Sicinus,
καὶ παρεκάλει	et *l'*engageait
συνεπιλαμβάνεσθαι	à prendre-avec *lui*
τῶν Ἑλλήνων	les Grecs
καὶ συμπροθυμεῖσθαι,	et à faire-effort-avec *lui*,
ἔχοντα πίστιν μᾶλλον,	ayant créance davantage,
ὅπως ναυμαχήσωσιν	afin qu'ils livrassent-bataille-navale
ἐν τοῖς στενοῖς.	dans le détroit.
Ὁ μὲν οὖν Ἀριστείδης,	Aristide donc,
ἐπαινέσας τὸν Θεμιστοκλέα,	ayant approuvé Thémistocle,
ἐπῄει τοὺς ἄλλους στρατηγοὺς	allait-trouver les autres généraux
καὶ τριηράρχους,	et triérarques,
παροξύνων ἐπὶ τὴν μάχην.	*les* excitant au combat.
Ἀπιστούντων δὲ ἔτι	Mais *eux* étant-incrédules encore
ὅμως,	cependant,
τριήρης Τηνία αὐτόμολος	une galère de-Ténos transfuge
ἐφάνη,	parut,

ἐναυάρχει Παναίτιος, ἀπαγγέλλουσα τὴν κύκλωσιν· ὥστε καὶ
θυμῷ τοὺς Ἕλληνας κινῆσαι μετ' ἀνάγκης πρὸς τὸν κίνδυνον.

XIII. Ἅμα δ' ἡμέρᾳ Ξέρξης μὲν ἄνω καθῆστο, τὸν στόλον
ἐποπτεύων καὶ τὴν παράταξιν, ὡς μὲν Φανόδημός[1] φησιν, ὑπὲρ
τὸ Ἡράκλειον, ᾗ βραχεῖ πόρῳ διείργεται τῆς Ἀττικῆς ἡ νῆσος,
ὡς δ' Ἀκεστόδωρος[2], ἐν μεθορίῳ τῆς Μεγαρίδος ὑπὲρ τῶν καλουμένων Κεράτων, χρυσοῦν δίφρον θέμενος[3], καὶ γραμματεῖς
πολλοὺς παραστησάμενος, ὧν ἔργον ἦν ἀπογράφεσθαι κατὰ τὴν
μάχην τὰ πραττόμενα. Θεμιστοκλεῖ δὲ παρὰ τὴν ναυαρχίδα
τριήρη σφαγιαζομένῳ τρεῖς προσήχθησαν αἰχμάλωτοι, κάλλιστοι μὲν ἰδέσθαι τὴν ὄψιν, ἐσθῆτι δὲ καὶ χρυσῷ κεκοσμημένοι
διαπρεπῶς. Ἐλέγοντο δὲ Σανδαύκης παῖδες εἶναι, τῆς βασιλέως
ἀδελφῆς, καὶ Ἀρταΰκτου. Τούτους ἰδὼν Εὐφραντίδης ὁ μάντις,

commandée par Panétius, passe aux Grecs et leur confirme l'événe-
ment. La colère et la nécessité décident donc les Grecs à tenter
l'aventure.

XIII. Le lendemain, au point du jour, Xerxès se place sur une
hauteur, d'où il surveille sa flotte et les dispositions de la bataille.
C'était, suivant Phanodème, au-dessus de l'Héracléum, près de
l'endroit le plus resserré du canal qui sépare l'île de Salamine de
l'Attique; mais, suivant Acestodore, c'était à la limite de la Mégaride, sur les coteaux qu'on appelle Kerata. Assis sur un trône d'or,
Xerxès avait auprès de lui plusieurs secrétaires chargés d'écrire
les incidents du combat. Pendant que Thémistocle faisait un sacrifice près de la trirème capitane, on lui amena trois prisonniers
d'une beauté remarquable, magnifiquement vêtus et tout chargés
d'ornements d'or : on les disait fils de Sandaucé, sœur du roi, et
d'Artayctos. A peine le devin Euphrantidès les eut-il aperçus,

ἧς ἐναυάρχει Παναίτιος, que commandait Panétius,
ἀπαγγέλλουσα τὴν κύκλωσιν · annonçant l'enveloppement ;
ὥστε κινῆσαι τοὺς Ἕλληνας de manière à pousser les Grecs
πρὸς τὸν κίνδυνον au danger
καὶ θυμῷ aussi par la colère.
μετὰ ἀνάγκης. avec la nécessité.

XIII. Ἅμα δὲ ἡμέρᾳ XIII. Et avec le jour
Ξέρξης μὲν Xerxès
καθῆστο ἄνω, était assis en haut (sur une hauteur),
ἐποπτεύων τὸν στόλον examinant la flotte
καὶ τὴν παράταξιν, et la disposition,
ὡς μὲν Φανόδημός φησιν, comme Phanodème dit,
ὑπὲρ τὸ Ἡράκλειον, au-dessus de l'Héracléum,
ᾗ ἡ νῆσος où l'île
διείργεται τῆς Ἀττικῆς est séparée de l'Attique
βραχεῖ πόρῳ, par un court trajet,
ὡς δὲ Ἀκεστόδωρος, mais comme *dit* Acestodore,
ἐν μεθορίῳ τῆς Μεγαρίδος sur la frontière de la Mégaride
ὑπὲρ τῶν καλουμένων au-dessus des appelées (du lieu ap-
Κεράτων, les Cornes, [pelé)
θέμενος ayant fait-placer-pour-lui
δίφρον χρυσοῦν, un siége d'-or,
καὶ παραστησάμενος et ayant placé-près-de-lui
πολλοὺς γραμματεῖς, de nombreux secrétaires,
ὧν ἔργον ἦν dont la fonction était
ἀπογράφεσθαι κατὰ τὴν μάχην d'écrire pendant le combat
τὰ πραττόμενα. les choses qui se faisaient.
Θεμιστοκλεῖ δὲ σφαγιαζομένῳ Mais à Thémistocle sacrifiant
παρὰ τὴν τριήρη ναυαρχίδα, près de la galère amirale,
τρεῖς αἰχμάλωτοι προσήχθησαν, trois prisonniers furent amenés,
κάλλιστοι μὲν ἰδέσθαι très-beaux à voir
τὴν ὄψιν, d'extérieur,
κεκοσμημένοι δὲ διαπρεπῶς et ornés magnifiquement
ἐσθῆσι καὶ χρυσῷ. de vêtements et d'or.
Ἐλέγοντο δὲ Et ils étaient dits
εἶναι παῖδες Σανδαύκης, être fils de Sandaucé,
τῆς ἀδελφῆς βασιλέως, la sœur du roi,
καὶ Ἀρταΰκτου. et d'Artayctos.
Εὐφραντίδης ὁ μάντις Euphrantidès le devin
ἰδὼν τούτους, ayant vu ceux-ci,

ὡς ἅμα μὲν ἀνέλαμψεν ἐκ τῶν ἱερῶν μέγα καὶ περιφανὲς πῦρ,
ἅμα δὲ πταρμὸς ἐκ τῶν δεξιῶν¹ ἐσήμηνε, τὸν Θεμιστοκλέα δεξιωσάμενος, ἐκέλευσε τῶν νεανίσκων κατάρξασθαι, καὶ καθιε-
ρεῦσαι πάντας Ὠμηστῇ² Διονύσῳ προσευξάμενον· οὕτω γὰρ ἅμα
σωτηρίαν τε καὶ νίκην ἔσεσθαι τοῖς Ἕλλησιν. Ἐκπλαγέντος δὲ
τοῦ Θεμιστοκλέους ὡς μέγα τὸ μάντευμα καὶ δεινὸν, οἷον
εἴωθεν ἐν μεγάλοις ἀγῶσι καὶ πράγμασι χαλεποῖς, μᾶλλον ἐκ
τῶν παραλόγων ἢ τῶν εὐλόγων τὴν σωτηρίαν ἐλπίζοντες οἱ
πολλοί, τὸν θεὸν ἅμα κοινῇ κατεκαλοῦντο φωνῇ, καὶ τοὺς
αἰχμαλώτους τῷ βωμῷ προσαγαγόντες, ἠνάγκασαν, ὡς ὁ μάντις
ἐκέλευσε, τὴν θυσίαν συντελεσθῆναι. Ταῦτα μὲν οὖν ἀνὴρ φιλόσοφος καὶ γραμμάτων οὐκ ἄπειρος ἱστορικῶν Φανίας ὁ Λέσβιος εἴρηκε.

XIV. Περὶ δὲ τοῦ πλήθους τῶν βαρβαρικῶν νεῶν Αἰσχύλος

qu'une grande flamme tout étincelante jaillit des victimes, et un
éternument retentit à droite. Le devin prend alors la main de
Thémistocle et lui commande d'offrir les jeunes gens à Bacchus
Omestès et de les lui immoler. C'était le moyen d'assurer le salut
des Grecs et leur victoire. Thémistocle est frappé de stupeur en
entendant cet ordre étrange et inhumain; mais la multitude,
comme c'est l'ordinaire dans les situations critiques et dans les
conjonctures difficiles, comptant bien plus, pour son salut, sur la
déraison que sur la raison, se met à invoquer le dieu tout d'une
voix; et, menant les prisonniers au pied de l'autel, elle exige à
toute force que le sacrifice s'accomplisse comme le devin l'a ordonné. Tel est, du moins, le récit de Phanias de Lesbos, homme
savant et versé dans les matières historiques.

XIV. Quant au nombre des vaisseaux barbares, le poëte Eschyle

ὡς ἅμα μὲν	comme en-même-temps
μέγα καὶ περιφανὲς πῦρ	un grand et brillant feu
ἀνέλαμψεν ἐκ τῶν ἱερῶν,	jaillit des victimes,
ἅμα δὲ πταρμὸς	et en-même-temps un éternument
ἐσήμηνεν ἐκ τῶν δεξιῶν,	donna-un-signe sur la droite,
δεξιωσάμενος τὸν Θεμιστοκλέα,	ayant pris-par-la-main Thémistocle,
ἐκέλευσε	lui ordonna
κατάρξασθαι τῶν νεανίσκων,	de sacrifier les jeunes-gens,
καὶ καθιερεῦσαι πάντας	et de les immoler tous
Διονύσῳ Ὠμηστῇ	à Bacchus Omestès
προσευξάμενον·	en le priant;
οὕτω γὰρ	car ainsi
ἅμα σωτηρίαν τε καὶ νίκην	à-la-fois et salut et victoire
ἔσεσθαι τοῖς Ἕλλησι.	devoir être aux Grecs.
Τοῦ δὲ Θεμιστοκλέους	Et Thémistocle
ἐκπλαγέντος,	ayant été frappé-de-stupeur,
ὡς τὸ μάντευμα	comme l'ordre-du-devin
μέγα καὶ δεινὸν,	étant grand et terrible,
οἱ πολλοὶ,	la multitude,
οἷον εἴωθεν	comme il est-coutume
ἐν μεγάλοις ἀγῶσι	dans les grandes luttes
καὶ πράγμασι χαλεποῖς,	et les affaires difficiles,
ἐλπίζοντες τὴν σωτηρίαν	espérant le salut
μᾶλλον ἐκ τῶν παραλόγων	plutôt des choses déraisonnables
ἢ τῶν εὐλόγων,	que des choses raisonnables,
κατεκαλοῦντο τὸν θεὸν	invoquaient les dieux
ἅμα φωνῇ κοινῇ,	ensemble d'une voix commune,
καὶ προσαγαγόντες τῷ βωμῷ	et ayant approché de l'autel
τοὺς αἰχμαλώτους,	les prisonniers,
ἠνάγκασαν	forcèrent
τὴν θυσίαν συντελεσθῆναι,	le sacrifice être accompli,
ὡς ὁ μάντις ἐκέλευσε.	comme le devin avait ordonné.
Φανίας μὲν οὖν ὁ Λέσβιος,	Phanias du moins de-Lesbos,
ἀνὴρ φιλόσοφος	homme savant
καὶ οὐκ ἄπειρος	et non sans-expérience
γραμμάτων ἱστορικῶν,	des écrits historiques,
εἴρηκε ταῦτα.	a dit ces choses.
XIV. Περὶ δὲ τοῦ πλήθους	XIV. Mais sur la multitude
τῶν νεῶν βαρβαρικῶν	des vaisseaux des-barbares
Αἰσχύλος ὁ ποιητὴς,	Eschyle le poëte,

ὁ ποιητὴς, ὡς ἂν εἰδὼς, διαβεβαιούμενος ἐν τραγῳδίᾳ Πέρσαις λέγει ταῦτα [1].

Ξέρξῃ δὲ (καὶ γὰρ οἶδα) χιλιὰς μὲν ἦν
νεῶν τὸ πλῆθος· αἱ δ' ὑπέρκοποι τάχει
ἑκατὸν δὶς ἦσαν ἑπτά θ'· ὧδ' ἔχει λόγος.

Τῶν δ' Ἀττικῶν, ἑκατὸν ὀγδοήκοντα τὸ πλῆθος οὐσῶν, ἑκάστη τοὺς ἀπὸ τοῦ καταστρώματος μαχομένους ὀκτωκαίδεκα εἶχεν, ὧν τοξόται τέσσαρες ἦσαν, οἱ λοιποὶ δ' ὁπλῖται. Δοκεῖ δ' οὐχ ἧττον εὖ τὸν καιρὸν ὁ Θεμιστοκλῆς ἢ τὸν τόπον συνιδὼν καὶ φυλάξας, μὴ πρότερον ἀντιπρώρους καταστῆσαι ταῖς βαρβαρικαῖς τὰς τριήρεις, ἢ τὴν εἰωθυῖαν ὥραν παραγενέσθαι, τὸ πνεῦμα λαμπρὸν ἐκ πελάγους ἀεὶ καὶ κῦμα διὰ τῶν στενῶν κατάγουσαν· ὃ τὰς μὲν Ἑλληνικὰς οὐκ ἔβλαπτε ναῦς, ἁλιτενεῖς οὔσας καὶ ταπεινοτέρας, τὰς δὲ βαρβαρικὰς, ταῖς τε πρύμναις

dit dans sa tragédie des *Perses*, parlant comme témoin oculaire et d'après des documents positifs :

Xerxès, j'en suis garant, avait mille vaisseaux,
Sans compter deux cent sept à la fine voilure ;
Voilà le fait....

Les Ahéniens en avaient cent quatre-vingts, garnis chacun de dix-huit combattants, placés sur le pont : quatre de ces soldats étaient des archers, les autres des hoplites. Thémistocle semble n'avoir pas été moins habile à choisir le moment que l'emplacement du combat. Il prit garde de ne tourner ses proues contre les trirèmes barbares qu'à l'heure où il souffle régulièrement de la mer un vent très-fort qui soulève les vagues dans le détroit. Cette agitation n'incommodait point les vaisseaux des Grecs, plats et de bas bord ; mais ceux des Barbares, à la poupe relevée, au pont très-haut et

ὡς ἂν εἰδώς,	comme devant *le* savoir,
διαβεβαιούμενος	affirmant
ἐν τραγῳδίᾳ Πέρσαις	dans la tragédie *intitulée* les Perses
λέγει ταῦτα·	dit ces choses :
« Ξέρξῃ δὲ	« Mais à Xerxès
(καὶ γὰρ οἶδα)	(et en effet je *le* sais)
ἦν μὲν χιλιὰς νεῶν	était un millier de vaisseaux
τὸ πλῆθος·	en nombre;
αἱ δὲ ὑπέρκοποι τάχει	et ceux extrêmes en rapidité
ἦσαν δὶς ἑκατὸν ἑπτά τε·	étaient deux-fois cent et sept;
λόγος ἔχει ὧδε.»	le compte est ainsi. »
Ἑκάστη δὲ τῶν Ἀττικῶν,	Mais chacun des *vaisseaux* attiques,
οὐσῶν ἑκατὸν ὀγδοήκοντα.	qui étaient cent quatre-vingts
τὸ πλῆθος,	en nombre,
εἶχε	avait
τοὺς μαχομένους	ceux combattant
ἀπὸ τοῦ καταστρώματος	depuis le pont
ὀκτωκαίδεκα,	dix-huit,
ὧν τέσσαρες ἦσαν τοξόται,	desquels quatre étaient archers,
οἱ δὲ λοιποὶ ὁπλῖται.	et le reste hoplites.
Ὁ δὲ Θεμιστοκλῆς δοκεῖ	Et Thémistocle paraît
συνιδὼν καὶ φυλάξας	ayant aperçu et ayant observé
τὸν καιρὸν	le moment
οὐχ ἧττον εὖ ἢ τὸν τόπον,	non moins bien que le lieu,
μὴ καταστῆσαι τὰς τριήρεις	n'avoir pas placé les galères
ἀντιπρώρους	la-proue-tournée-contre
ταῖς βαρβαρικαῖς	celles des-barbares
πρότερον ἢ τὴν ὥραν εἰωθυῖαν	avant que l'heure accoutumée
παραγενέσθαι,	être arrivée,
κατάγουσαν ἀεὶ	qui amène toujours
τὸ πνεῦμα λαμπρὸν	le vent éclatant (violent)
ἐκ πελάγους	de la haute-mer
καὶ κῦμα διὰ τῶν στενῶν·	et le flot à travers le détroit;
ὃ οὐκ ἔβλαπτε μὲν	ce qui n'endommageait pas
τὰς ναῦς Ἑλληνικὰς,	les vaisseaux des-Grecs,
οὔσας ἁλιτενεῖς	étant au-niveau-de-la-mer
καὶ ταπεινοτέρας,	et plus bas,
προσπῖπτον δὲ	mais en heurtant
ἔσφαλλε τὰς βαρβαρικὰς,	faisait-chanceler ceux des-barbares,
ἀνεστώσας τε ταῖς πρύμναις	et relevés par les poupes

ἀνεστώσας καὶ τοῖς καταστρώμασιν ὑψορόφους καὶ βαρείας
ἐπιφερομένας, ἔσφαλλε προσπῖπτον, καὶ παρεδίδου πλαγίας τοῖς
Ἕλλησιν ὀξέως προσφερομένοις, καὶ τῷ Θεμιστοκλεῖ προσέχου-
σιν, ὡς ὁρῶντι μάλιστα τὸ συμφέρον, καὶ ὅτι κατ' ἐκεῖνον ὁ
Ξέρξου ναύαρχος Ἀριαμένης, ναῦν ἔχων μεγάλην, ὥσπερ ἀπὸ
τείχους ἐτόξευε καὶ ἠκόντιζεν, ἀνὴρ ἀγαθὸς ὢν, καὶ τῶν βασιλέως ἀδελφῶν πολὺ κράτιστός τε καὶ δικαιότατος. Τοῦτον μὲν
οὖν Ἀμεινίας[1] ὁ Δεκελεὺς καὶ Σωσικλῆς ὁ Πεδιεὺς[2], ὁμοῦ
πλέοντες, ὡς αἱ νῆες ἀντίπρωροι προσπεσοῦσαι καὶ συνερείσα-
σαι τοῖς χαλκώμασιν ἐνεσχέθησαν, ἐπιβαίνοντα τῆς αὐτῶν
τριήρους, ὑποστάντες καὶ τοῖς δόρασι τύπτοντες, εἰς τὴν θάλασσαν ἐνέβαλον· καὶ τὸ σῶμα μετ' ἄλλων φερόμενον ναυαγίων
Ἀρτεμισία[3] γνωρίσασα πρὸς Ξέρξην ἀνήνεγκεν.

pesants à la manœuvre, tournoyaient sous l'effort et présentaien
le flanc aux Grecs, qui, vifs à l'attaque, avaient les yeux sur
Thémistocle, l'homme le plus clairvoyant à agir à propos. Ariamène, amiral de Xerxès, monté sur un vaisseau de haut bord, en
fait lancer sur Thémistocle, comme d'une muraille, une grêle de
flèches et de traits. C'était un brave, le plus valeureux et le plus
juste des frères du roi. Aminias de Décélie et Sosiclès de Pédiée
poussent à sa rencontre avec tant d'impétuosité que la proue des
deux vaisseaux se heurte et qu'ils s'entr'accrochent par leurs becs
d'airain. Ariamène saute dans la trirème athénienne, mais les deux
guerriers le reçoivent vigoureusement à coups de javelines et le
précipitent dans la mer. Artémise, reconnaissant son corps, qui
flottait parmi d'autres débris, le rapporta à Xerxès.

καὶ ὑψορόφους	et à-plancher-très-haut
τοῖς καταστρώμασι	par les ponts
καὶ ἐπιφερομένας βαρείας,	et se portant (manœuvrant) lourds,
καὶ παρεδίδου πλαγίας	et les présentait obliques
τοῖς Ἕλλησι	aux Grecs
προσφερομένοις ὀξέως,	se portant vivement,
καὶ προσέχουσι τῷ Θεμιστοκλεῖ,	et faisant-attention à Thémistocle,
ὡς ὁρῶντι μάλιστα	comme voyant le mieux
τὸ συμφέρον,	l'utile,
καὶ ὅτι	et parce que
ὁ ναύαρχος Ξέρξου,	l'amiral de Xerxès,
Ἀριαμένης,	Ariamène,
ἔχων μεγάλην ναῦν,	ayant un grand vaisseau,
ἐτόξευε	lançait-des-flèches
καὶ ἠκόντιζε	et lançait-des-dards
κατὰ ἐκεῖνον	sur celui-là (Thémistocle)
ὥσπερ ἀπὸ τείχους,	comme d'un rempart,
ὢν ἀνὴρ ἀγαθὸς,	étant un homme brave,
καὶ πολὺ κράτιστός τε	et de beaucoup et le plus vaillant
καὶ δικαιότατος	et le plus juste
τῶν ἀδελφῶν βασιλέως.	des frères du roi.
Ἀμεινίας μὲν οὖν ὁ Δεκελεὺς	Aminias donc de-Décélie
καὶ Σωσικλῆς ὁ Πεδιεὺς,	et Sosiclès de-Pédiée,
πλέοντες ὁμοῦ,	naviguant ensemble,
ὡς οἱ νῆες	comme les vaisseaux
προσπεσοῦσαι ἀντίπρωροι	s'étant heurtés proue-contre-proue
καὶ συνερείσασαι	et s'étant choqués
τοῖς χαλκώμασιν	avec les becs-d'airain
ἐνεσχέθησαν,	se furent attachés l'un à l'autre,
ὑποστάντες τοῦτον,	ayant attendu celui-ci,
ἐπιβαίνοντα	qui montait
τῆς τριήρους αὐτῶν,	sur la galère d'eux,
καὶ τύπτοντες	et le frappant
τοῖς δόρασιν,	avec leurs javelines,
ἐνέβαλον εἰς τὴν θάλασσαν·	le jetèrent à la mer;
καὶ Ἀρτεμισία	et Artémise
γνωρίσασα τὸ σῶμα	ayant reconnu le corps
φερόμενον	porté (flottant)
μετὰ ἄλλων ναυαγίων	avec d'autres débris-de-vaisseaux
ἀνήνεγκε πρὸς Ξέρξην.	le rapporta à Xerxès.

XV. Ἐν δὲ τούτῳ τοῦ ἀγῶνος ὄντος, φῶς μὲν ἐκλάμψαι
μέγα λέγουσιν Ἐλευσινόθεν, ἦχον δὲ καὶ φωνὴν τὸ Θριάσιον
κατέχειν πεδίον¹ ἄχρι τῆς θαλάττης, ὡς ἀνθρώπων ὁμοῦ πολλῶν
τὸν μυστικὸν ἐξαγαγόντων Ἴακχον. Ἐκ δὲ τοῦ πλήθους τῶν φθεγγομένων, κατὰ μικρὸν ἀπὸ γῆς ἀναφερόμενον νέφος ἔδοξεν αὖθις
ὑπονοστεῖν καὶ κατασκήπτειν εἰς τὰς τριήρεις. Ἕτεροι δὲ φάσματα καὶ εἴδωλα καθορᾶν ἔδοξαν ἐνόπλων, ἀπ' Αἰγίνης τὰς χεῖρας
ἀνεχόντων πρὸ τῶν Ἑλληνικῶν τριήρων, οὓς εἴκαζον Αἰακίδας
εἶναι, παρακεκλημένους εὐχαῖς πρὸ τῆς μάχης ἐπὶ τὴν βοήθειαν.
Πρῶτος μὲν οὖν λαμβάνει ναῦν Λυκομήδης, ἀνὴρ Ἀθηναῖος
τριηραρχῶν, ἧς τὰ παράσημα² περικόψας ἀνέθηκεν Ἀπόλλωνι
δαφνηφόρῳ. Οἱ δ' ἄλλοι τοῖς βαρβάροις ἐξισούμενοι τὸ πλῆθος,

XV. Le combat en était là, quand il paraît, dit-on, une grande
lumière du côté d'Eleusis : un bruit de voix se répand dans la
plaine de Thriasie, jusqu'à la mer, comme d'une foule nombreuse
menant le chœur mystique d'Iacchus. Soulevé par ce bruyant cor-
tége, un nuage de poussière semble monter peu à peu dans les
airs, puis redescendre et tomber sur les vaisseaux. D'autres avaient
cru voir des fantômes et des figures d'hommes armés, qui, de
l'île d'Égine, tendaient les mains vers les trirèmes des Grecs.
On conjectura que c'étaient les Æacides, dont on avait invoqué le
secours avant le combat. Le premier qui prit un vaisseau ennemi
fut l'Athénien Lycomède, un des triérarques, qui en enleva les
parasèmes et les consacra à Apollon Daphnéphore. Le reste des
Grecs, égaux en nombre aux barbares, à cause du détroit où ceux-

XV. Τοῦ δὲ ἀγῶνος   XV. Or le combat
ὄντος ἐν τούτῳ,   étant à ce *point*,
λέγουσι μὲν μέγα φῶς   on dit une grande lumière
ἐκλάμψαι Ἐλευσινόθεν,   avoir brillé d'Élesius,
ἦχον δὲ καὶ φωνὴν   et un son et une voix
κατέχειν τὸ πεδίον Θριάσιον   remplir la plaine de-Thriasie
ἄχρι τῆς θαλάττης,   jusqu'à la mer, |fois
ὡς πολλῶν ἀνθρώπων ὁμοῦ   comme beaucoup d'hommes à-la-
ἐξαγαγόντων   ayant mené
τὸν Ἴακχον μυστικόν.   le Bacchus mystique.
Ἐκ δὲ τοῦ πλήθους   Et par-suite-de la multitude
τῶν φθεγγομένων,   de ceux qui parlaient,
νέφος   un nuage
ἀναφερόμενον ἀπὸ γῆς   s'élevant de terre
κατὰ μικρὸν   *peu* à peu
ἔδοξεν αὖθις ὑπονοστεῖν   parut de nouveau redescendre
καὶ κατασκήπτειν   et tomber
εἰς τὰς τριήρεις.   sur les galères.
Ἕτεροι δὲ   Et d'autres
ἔδοξαν καθορᾶν   crurent apercevoir
φάσματα καὶ εἴδωλα   des fantômes et des images
ἀνδρῶν ἐνόπλων,   d'hommes armés,
ἀνεχόντων τὰς χεῖρας   levant les mains
ἀπὸ Αἰγίνης   d'Égine
πρὸ τῶν τριήρων Ἑλληνικῶν,   devant les galères des-Grecs,
οὓς εἴκαζον   qu'ils conjecturaient
εἶναι Αἰακίδας,   être les Éacides,
παρακεκλημένους εὐχαῖς   appelés par des prières
ἐπὶ τὴν βοήθειαν   au secours
πρὸ τῆς μάχης.   avant le combat.
Λυκομήδης μὲν οὖν,   Lycomède donc,
ἀνὴρ Ἀθηναῖος τριηραρχῶν,   homme athénien étant-triérarque,
πρῶτος λαμβάνει ναῦν,   le premier prend un vaisseau,
ἧς περικόψας τὰ παράσημα   duquel ayant coupé les parasèmes
ἀνέθηκεν   il *les* consacra
Ἀπόλλωνι δαφνηφόρῳ.   à Apollon porte-laurier.
Οἱ δὲ ἄλλοι   Et les autres
ἐξισούμενοι τοῖς βαρβάροις   étant égalés aux barbares
τὸ πλῆθος,   en nombre,
ἐτρέψαντο   mirent-en-déroute

4

ἐν στενῷ κατὰ μέρος προσφερομένους καὶ περιπίπτοντας ἀλλή-
λοις ἐτρέψαντο, μέχρι δείλης ἀντισχόντας, ὡς εἴρηκε Σιμωνίδης, τὴν καλὴν ἐκείνην καὶ περιβόητον ἀράμενοι νίκην, ἧς οὔθ᾽
Ἕλλησιν, οὔτε βαρβάροις ἐνάλιον ἔργον εἴργασται λαμπρότε-
ρον, ἀνδρείᾳ μὲν καὶ προθυμίᾳ κοινῇ τῶν ναυμαχησάντων,
γνώμῃ δὲ καὶ δεινότητι Θεμιστοκλέους[1].

XVI. Μετὰ δὲ τὴν ναυμαχίαν, Ξέρξης μὲν, ἔτι θυμομαχῶν
πρὸς τὴν ἀπότευξιν, ἐπεχείρει διὰ χωμάτων ἐπάγειν τὸ πεζὸν
εἰς Σαλαμῖνα τοῖς Ἕλλησιν, ἐμφράξας τὸν διὰ μέσου πόρον.
Θεμιστοκλῆς δὲ, ἀποπειρώμενος Ἀριστείδου λόγῳ, γνώμην
ἐποιεῖτο λύειν τὸ ζεῦγμα ταῖς ναυσὶν ἐπιπλεύσαντας εἰς Ἑλλήσ-
ποντον· « Ὅπως, ἔφη, τὴν Ἀσίαν ἐν τῇ Εὐρώπῃ λάβωμεν. »
Δυσχεραίνοντος δὲ τοῦ Ἀριστείδου, καὶ λέγοντος ὅτι· « Νῦν μὲν

ci ne pouvaient venir qu'à la file et s'embarrassaient les uns les
autres, combattirent avec tant de constance jusqu'à la nuit, qu'ils
obligèrent les Perses de prendre la fuite, et remportèrent, dit
Simonide, cette victoire si belle et si renommée, le plus grand et
le plus glorieux exploit naval qu'aient fait les Grecs ou les barbares : œuvre de la valeur et du courage de tous les soldats, mais
aussi de la prudence et de l'habileté de Thémistocle.

XVI. Après le combat naval, Xerxès, voulant lutter encore malgré
sa défaite, entreprend de combler le détroit pour faire passer à
Salamine son armée de terre et y attaquer les Grecs. Thémistocle,
voulant sonder Aristide, a l'air de proposer sérieusement d'aller
dans l'Hellespont couper le pont de bateaux. « Par là, dit-il, nous
prendrons l'Asie dans l'Europe. » Aristide ne goûte point ce pro-

προσφερομένους ἐν στενῷ | *eux* attaquant dans le détroit
κατὰ μέρος | *partie* par partie
καὶ περιπίπτοντας | et s'embarrassant
ἀλλήλοις, | les uns dans les autres,
ἀντισχόντας μέχρι δείλης, | ayant résisté jusqu'au soir,
ὡς εἴρηκε Σιμωνίδης, | comme a dit Simonide,
ἀράμενοι | ayant remporté
ἐκείνην τὴν νίκην καλὴν | cette victoire belle
καὶ περιβόητον, | et fameuse,
ἧς | *en comparaison* de laquelle
ἔργον ἐνάλιον λαμπρότερον | une action maritime plus brillante
εἴργασται οὔτε Ἕλλησιν, | *n'*a été faite ni par les Grecs,
οὔτε βαρβάροις, | ni par les barbares,
ἀνδρείᾳ μὲν | par la valeur
καὶ προθυμίᾳ κοινῇ | et l'ardeur commune
τῶν ναυμαχησάντων, | de ceux qui combattirent-sur-mer,
γνώμῃ δὲ καὶ δεινότητι | mais par la prudence et l'habileté
Θεμιστοκλέους. | de Thémistocle.

XVI. Μετὰ δὲ τὴν ναυμαχίαν, | XVI. Et après le combat naval,
Ξέρξης μὲν, | Xerxès,
θυμομαχῶν ἔτι | voulant-lutter encore
πρὸς τὴν ἀπότευξιν, | contre la non-réussite,
ἐπεχείρει | essayait
διὰ χωμάτων | au-moyen-de digues
ἐπάγειν τὸ πεζὸν εἰς Σαλαμῖνα | d'amener l'infanterie à Salamine
τοῖς Ἕλλησιν, | contre les Grecs,
ἐμφράξας τὸν πόρον | ayant bouché le détroit
διὰ μέσου. | par le milieu.
Θεμιστοκλῆς δὲ, | Mais Thémistocle,
ἀποπειρώμενος Ἀριστείδου | essayant Aristide
λόγῳ, | par la parole,
ἐποιεῖτο γνώμην | feignait un avis
λύειν τὸ ζεῦγμα | de rompre le pont
ἐπιπλεύσαντας ταῖς ναυσὶν | ayant vogué avec les vaisseaux
εἰς Ἑλλήσποντον· | dans l'Hellespont :
« Ὅπως, ἔφη, | « Afin que, dit-il,
λάβωμεν τὴν Ἀσίαν | nous prenions l'Asie
ἐν τῇ Εὐρώπῃ. » | dans l'Europe. »
Τοῦ δὲ Ἀριστείδου | Mais Aristide
δυσχεραίνοντος | étant fâché

τρυφῶντι τῷ βαρβάρῳ πεπολεμήκαμεν· ἂν δὲ κατακλείσωμεν
εἰς τὴν Ἑλλάδα, καὶ καταστήσωμεν εἰς ἀνάγκην ὑπὸ δέους
ἄνδρα τηλικούτων δυνάμεων κύριον, οὐκέτι καθήμενος ὑπὸ
σκιάδι χρυσῇ θεάσεται τὴν μάχην ἐφ' ἡσυχίας, ἀλλὰ πάντα
τολμῶν, καὶ πᾶσιν αὐτὸς παρὼν διὰ τὸν κίνδυνον, ἐπανορθώ-
σεται τὰ παρειμένα, καὶ βουλεύσεται βέλτιον ὑπὲρ τῶν ὅλων.
Οὐ τὴν οὖσαν οὖν, ἔφη, δεῖ γέφυραν, ὦ Θεμιστόκλεις, ἡμᾶς
ἀναιρεῖν, ἀλλ' ἑτέραν, εἴπερ οἷόν τε, προσκατασκευάσαντας,
ἐκβαλεῖν διὰ τάχους τὸν ἄνθρωπον ἐκ τῆς Εὐρώπης.» « Οὐκοῦν,
εἶπεν ὁ Θεμιστοκλῆς, εἰ δοκεῖ ταῦτα συμφέρειν, ὥρα σκοπεῖν
καὶ μηχανᾶσθαι πάντας ἡμᾶς, ὅπως ἀπαλλαγήσεται τὴν ταχίστην ἐκ τῆς Ἑλλάδος. » Ἐπεὶ δὲ ταῦτ' ἔδοξε, πέμπει τινὰ

jet : « Jusqu'ici, dit-il, nous n'avons eu affaire qu'à un barbare
amolli par les délices; mais si nous l'enfermons dans la Grèce, et
si par la crainte nous réduisons à la nécessité de combattre le
maître absolu de troupes si nombreuses, il ne se tiendra plus assis
sous un pavillon d'or, tranquille spectateur du combat; mais il
osera tout, il se portera partout au danger, il réparera ses pertes
et livrera sa fortune à de plus sages conseils. Ainsi, Thémistocle,
loin de rompre le pont qui existe, il faudrait plutôt, s'il était possible, en construire un second, pour chasser au plus vite l'ennemi hors de l'Europe. — Eh bien, dit Thémistocle, si tu crois
que c'est le parti le plus utile, c'est le moment d'aviser tous ensemble et d'imaginer un stratagème qui le fasse sortir le plus promp-
tement possible de la Grèce. » Cette idée prévaut. Thémistocle

καὶ λέγοντος ὅτι·	et disant que : [guerre
« Νῦν μὲν πεπολεμήκαμεν	« Maintenant nous avons fait-la-
τῷ βαρβάρῳ τρυφῶντι·	au barbare énervé ;
ἂν δὲ κατακλείσωμεν	mais si nous l'avons enfermé
εἰς τὴν Ἑλλάδα,	dans la Grèce,
καὶ καταστήσωμεν	et si nous avons mis (réduit)
εἰς ἀνάγκην	dans (à) la nécessité
ὑπὸ δέους	par crainte
ἄνδρα	un homme
κύριον τηλικούτων δυνάμεων,	maître de telles forces,
οὐκέτι θεάσεται τὴν μάχην	il ne regardera plus le combat
ἐπὶ ἡσυχίας	en tranquillité
καθήμενος	assis
ὑπὸ σκιάδι χρυσῇ,	sous un dais d'-or,
ἀλλὰ τολμῶν πάντα,	mais osant tout,
καὶ παρὼν αὐτὸς πᾶσι	et étant-présent lui-même à tout
διὰ τὸν κίνδυνον,	parmi le danger,
ἐπανορθώσεται τὰ παρειμένα,	il redressera les choses négligées,
καὶ βουλεύσεται βέλτιον	et prendra-parti mieux
ὑπὲρ τῶν ὅλων.	sur l'ensemble.
Οὐ δεῖ οὖν, ἔφη,	Il ne faut donc pas, dit-il,
ὦ Θεμιστόκλεις,	ô Thémistocle,
ἡμᾶς ἀναιρεῖν	nous détruire
τὴν γέφυραν οὖσαν,	le pont existant,
ἀλλὰ προσκατασκευάσαντας	mais en ayant construit-de-plus
ἑτέραν,	un autre,
εἴπερ οἷόν τε,	si cela était possible,
ἐκβαλεῖν διὰ τάχους	chasser avec promptitude
τὸν ἄνθρωπον ἐκ τῆς Εὐρώπης.»	l'homme de l'Europe. »
« Οὐκοῦν,	« Donc,
εἶπεν ὁ Θεμιστοκλῆς,	dit Thémistocle,
εἰ ταῦτα	si ces choses
δοκεῖ συμφέρειν,	paraissent être-utiles,
ὥρα	il est temps
ἡμᾶς πάντας σκοπεῖν	nous tous examiner
καὶ μηχανᾶσθαι,	et arranger,
ὅπως ἀπαλλαγήσεται	afin qu'il s'éloigne
τὴν ταχίστην	par la route la plus prompte
τῆς Ἑλλάδος. »	de la Grèce. »
Ἐπεὶ δὲ ταῦτα	Et après que ces choses

τῶν βασιλικῶν εὐνούχων, ἐν τοῖς αἰχμαλώτοις ἀνευρὼν, Ἀρ-
νάκην ὄνομα, φράζειν βασιλεῖ κελεύσας, ὅτι τοῖς μὲν Ἕλλησι
δέδοκται, τῷ ναυτικῷ κεκρατηκότας, ἀναπλεῖν εἰς τὸν Ἑλλήσ-
ποντον ἐπὶ τὸ ζεῦγμα, καὶ λύειν τὴν γέφυραν, Θεμιστοκλῆς δὲ
κηδόμενος βασιλέως, παραινεῖ σπεύδειν ἐπὶ τὴν ἑαυτοῦ θάλασσαν, καὶ περαιοῦσθαι, μέχρις αὐτὸς ἐμποιεῖ τινας διατριβὰς
τοῖς συμμάχοις καὶ μελλήσεις πρὸς τὴν δίωξιν. Ταῦθ' ὁ βάρ-
βαρος ἀκούσας, καὶ γενόμενος περίφοβος, διὰ τάχους ἐποιεῖτο
τὴν ἀναχώρησιν. Καὶ πεῖραν ἡ Θεμιστοκλέους καὶ Ἀριστείδου
φρόνησις ἐν Μαρδονίῳ παρέσχεν, εἴγε πολλοστημορίῳ τῆς
Ξέρξου δυνάμεως διαγωνισάμενοι Πλαταιᾶσιν, εἰς τὸν περὶ τῶν
ὅλων κίνδυνον κατέστησαν.

XVII. Πόλεων μὲν οὖν τὴν Αἰγινητῶν ἀριστεῦσαί φησιν
Ἡρόδοτος [1], Θεμιστοκλεῖ δὲ, καίπερ ἄκοντὶ ὑπὸ φθόνου, τὸ

prend parmi les prisonniers un eunuque de Xerxès, nommé Ar-
nacès, et l'envoie dire au roi que les Grecs, vainqueurs sur mer,
se préparent à faire voile vers l'Hellespont, pour couper le pont
qu'il y a construit; que Thémistocle, inquiet pour le salut du roi,
lui conseille de regagner en hâte les mers qui lui obéissent et de
repasser en Asie; que, en attendant, Thémistocle trouvera des
prétextes pour amuser les alliés et retarder leur poursuite. A cette
nouvelle, le barbare, saisi d'effroi, opère précipitamment sa retraite. Mardonius justifia la prudence de Thémistocle et d'Aristide.
Quoique l'on n'eût à combattre à Platées que contre une faible
partie de l'armée de Xerxès, on y courut un immense danger.

XVII. Hérodote dit que, dans cette journée, la première des
villes fut Égine; mais les Grecs, quoique avec regret et en dépit

ἔδοξε,	eurent été résolues,
πέμπει τινὰ	il envoie quelqu'un
τῶν εὐνούχων βασιλικῶν,	des eunuques royaux,
ἀνευρὼν	l'ayant trouvé
ἐν τοῖς αἰχμαλώτοις,	parmi les prisonniers,
Ἀρνάκην ὄνομα,	Arnacès de nom,
κελεύσας	lui ayant ordonné
φράζειν βασιλεῖ,	de dire au roi,
ὅτι δέδοκται μὲν τοῖς Ἕλλησι,	qu'il a été résolu par les Grecs,
κεκρατηκότας τῷ ναυτικῷ,	ayant vaincu par la marine,
ἀναπλεῖν εἰς τὸν Ἑλλήσποντον	de faire-voile pour l'Hellespont
ἐπὶ τὸ ζεῦγμα,	vers la jonction (le pont),
καὶ λύειν τὴν γέφυραν,	et de rompre le pont,
Θεμιστοκλῆς δὲ	mais que Thémistocle
κηδόμενος βασιλέως,	prenant-l'intérêt du roi,
παραινεῖ σπεύδειν	l'exhorte à se hâter
ἐπὶ τὴν θάλασσαν ἑαυτοῦ,	vers la mer de lui-même,
καὶ περαιοῦσθαι,	et à faire-la-traversée,
μέχρις αὐτὸς	tandis que lui-même
ἐμποιεῖ τοῖς συμμάχοις	cause aux alliés
τινὰς διατριβὰς	quelques pertes-de-temps
καὶ μελλήσεις πρὸς τὴν δίωξιν.	et retards pour la poursuite.
Ὁ βάρβαρος ἀκούσας ταῦτα	Le barbare ayant entendu ces choses
καὶ γενόμενος περίφοβος,	et étant devenu très-effrayé,
ἐποιεῖτο τὴν ἀναχώρησιν	faisait sa retraite
διὰ τάχους.	avec rapidité.
Καὶ ἡ φρόνησις	Et la sagesse
Θεμιστοκλέους καὶ Ἀριστείδου	de Thémistocle et d'Aristide
παρέσχε πεῖραν	donna épreuve (fut reconnue)
ἐν Μαρδονίῳ,	dans Mardonius,
εἴγε διαγωνισάμενοι	puisque ayant lutté
Πλαταιᾶσι	à Platées
πολλοστημορίῳ	contre une très-petite-partie
τῆς δυνάμεως Ξέρξου,	de l'armée de Xerxès,
κατέστησαν εἰς τὸν κίνδυνον	ils furent mis en danger
περὶ τῶν ὅλων.	sur l'ensemble.
XVII. Ἡρόδοτος μὲν οὖν φησι	XVII. Hérodote donc dit
τὴν Αἰγινητῶν	la ville des Éginètes
ἀριστεῦσαι πόλεων,	avoir été-la-première des villes,
ἅπαντες δὲ	et tous

πρωτεῖον ἀπέδοσαν ἅπαντες. Ἐπεὶ γὰρ ἀναχωρήσαντες εἰς τὸν
Ἰσθμὸν ἀπὸ τοῦ βωμοῦ τὴν ψῆφον ἔφερον οἱ στρατηγοὶ, πρῶτον μὲν ἕκαστος ἑαυτὸν ἀπέφαινεν ἀρετῇ, δεύτερον δὲ μεθ᾽
ἑαυτὸν Θεμιστοκλέα. Λακεδαιμόνιοι δ᾽ εἰς τὴν Σπάρτην αὐτὸν
καταγαγόντες, Εὐρυβιάδῃ μὲν ἀνδρείας, ἐκείνῳ δὲ σοφίας ἀρισ-
τεῖον ἔδοσαν θαλλοῦ στέφανον, καὶ τῶν κατὰ τὴν πόλιν ἁρμά-
των τὸ πρωτεῦον ἐδωρήσαντο, καὶ τριακοσίους τῶν νέων πομ-
ποὺς ἄχρι τῶν ὅρων συνεξέπεμψαν. Λέγεται δ᾽, Ὀλυμπίων
τῶν ἐφεξῆς ἀγομένων, καὶ παρελθόντος εἰς τὸ στάδιον τοῦ Θεμιστοκλέους, ἀμελήσαντας τῶν ἀγωνιστῶν τοὺς παρόντας, ὅλην
τὴν ἡμέραν ἐκεῖνον θεᾶσθαι, καὶ τοῖς ξένοις ἐπιδεικνύειν ἅμα
θαυμάζοντας καὶ κροτοῦντας, ὥστε καὶ αὐτὸν ἡσθέντα πρὸς τοὺς

d'un sentiment jaloux , donnèrent unanimement à Thémistocle le
premier rang parmi les braves. En effet, quand on put rentrer
dans l'Isthme, les chefs prêtèrent serment sur l'autel et portèrent
les suffrages. Or, chacun d'eux s'adjugea le premier rang et donna
le second à Thémistocle. Mais les Lacédémoniens l'emmenèrent à
Sparte, où ils décernèrent à Eurybiade le prix de la valeur et à
Thémistocle une branche d'olivier, prix de la sagesse. En outre,
ils lui firent don du plus beau char qu'il y eût dans la ville, et, à
son départ, trois cents jeunes guerriers le reconduisirent par
honneur jusqu'aux frontières. On dit aussi qu'aux premiers jeux
olympiques qui suivirent, Thémistocle ayant paru dans le stade,
les spectateurs ne songèrent plus aux combattants qu'ils avaient
sous les yeux, mais que, tout le jour, ils eurent les regards fixés
sur lui, le montrant aux étrangers avec des cris d'admiration et
des applaudissements. Thémistocle ravi avoua à ses amis que

ἀπέδοσαν τὸ πρωτεῖον	donnèrent le premier-rang
Θεμιστοκλεῖ	à Thémistocle,
καίπερ ἄκοντι ὑπὸ φθόνου.	quoique de-mauvais-gré par envie.
Ἐπεὶ γὰρ	Car après que
ἀναχωρήσαντες εἰς τὸν Ἰσθμὸν	s'étant retirés dans l'Isthme
οἱ στρατηγοὶ	les généraux
ἔφερον τὴν ψῆφον	portaient le suffrage
ἀπὸ τοῦ βωμοῦ,	de (pris sur) l'autel,
ἕκαστος μὲν	chacun
ἀπέφαινεν ἑαυτὸν πρῶτον	déclarait lui-même le premier
ἀρετῇ,	par la valeur,
Θεμιστοκλέα δὲ	et Thémistocle
δεύτερον μετὰ ἑαυτόν.	le second après lui-même.
Λακεδαιμόνιοι δὲ	Mais les Lacédémoniens
καταγαγόντες αὐτὸν	ayant emmené lui
εἰς τὴν Σπάρτην,	à Sparte,
ἔδοσαν Εὐρυβιάδῃ μὲν	donnèrent à Eurybiade
ἀριστεῖον ἀνδρείας,	le prix de la bravoure,
ἐκείνῳ δὲ σοφίας	et à lui le prix de la sagesse
στέφανον θαλλοῦ,	une couronne d'olivier,
καὶ ἐδωρήσαντο	et lui firent-présent [beau)
τὸ πρωτεῦον	de celui qui était-le-premier (le plus
τῶν ἁρμάτων κατὰ τὴν πόλιν,	des chars dans la ville,
καὶ συνεξέπεμψαν	et envoyèrent-avec lui
τριακοσίους τῶν νέων	trois-cents des jeunes-gens
πομποὺς	comme escorte
ἄχρι τῶν ὅρων.	jusqu'aux frontières.
Λέγεται δὲ,	Et il est dit,
Ὀλυμπίων τῶν ἐφεξῆς	les jeux olympiques ceux à-la-suite
ἀγομένων,	se célébrant,
καὶ τοῦ Θεμιστοκλέους	et Thémistocle
παρελθόντος εἰς τὸ στάδιον,	s'étant avancé dans le stade,
τοὺς παρόντας	ceux qui étaient-présents
ἀμελήσαντας τῶν ἀγωνιστῶν,	ne-s'étant-pas-occupés des athlètes,
θεᾶσθαι ἐκεῖνον	regarder celui-là
ὅλην τὴν ἡμέραν,	tout le jour,
καὶ ἐπιδεικνύειν τοῖς ξένοις	et le montrer aux étrangers
ἅμα θαυμάζοντας	à-la-fois l'admirant
καὶ κροτοῦντας,	et l'applaudissant,
ὥστε καὶ αὐτὸν	au-point-que aussi lui-même

φίλους ὁμολογῆσαι τὸν καρπὸν ἀπέχειν τῶν ὑπὲρ τῆς Ἑλλάδος αὐτῷ πονηθέντων.

XVIII. Καὶ γὰρ ἦν τῇ φύσει φιλοτιμότατος, εἰ δεῖ τεκμαίρεσθαι διὰ τῶν ἀπομνημονευομένων. Αἱρεθείς τε γὰρ ναύαρχος ὑπὲρ τῆς πόλεως, οὐδὲν οὔτε τῶν ἰδίων οὔτε τῶν κοινῶν κατὰ μέρος ἐχρημάτιζεν, ἀλλὰ πᾶν ἀνεβάλλετο τὸ προσπῖπτον εἰς τὴν ἡμέραν ἐκείνην, καθ' ἣν ἐκπλεῖν ἔμελλεν, ἵν' ὁμοῦ πολλὰ πράττων πράγματα, καὶ παντοδαποῖς ἀνθρώποις ὁμιλῶν, μέγας εἶναι δοκῇ, καὶ πλεῖστον δύνασθαι· τῶν τε νεκρῶν τοὺς ἐκπεσόντας ἐπισκοπῶν παρὰ τὴν θάλασσαν, ὡς εἶδε περικείμενα ψέλλια χρυσᾶ καὶ στρεπτοὺς, αὐτὸς μὲν παρῆλθε, τῷ δ' ἑπομένῳ φίλῳ δείξας, εἶπεν· « Ἀνελοῦ σαυτῷ· σὺ γὰρ οὐκ εἶ Θεμιστοκλῆς. » Πρὸς δέ τινα τῶν καλῶν γεγονότων, Ἀντιφάτην,

c'était là une digne récompense de tout ce qu'il avait fait pour la Grèce.

XVIII. Et de fait, il était de sa nature passionné pour la gloire, à en juger par les traits qu'on cite de lui. Élu chef de la flotte par les Athéniens, il n'expédia plus à leur tour les affaires des particuliers ni celles de l'État, et il remit toutes celles qui survenaient au jour où il devait s'embarquer, afin que, en le voyant juger à la fois ce grand nombre d'affaires et parler à toutes sortes de gens, on eût une haute idée de sa grandeur et de sa puissance. Une autre fois, il regardait, le long de la mer, les cadavres apportés par les vagues ; il en voit plusieurs qui avaient des bracelets et des colliers d'or ; il continue son chemin, et montrant ces objets à un ami qui le suivait : « Prends cela pour toi, dit-il ; car tu n'es pas Thémistocle. » Antiphatès, qui avait été jadis un beau

ἠσθέντα	ayant été charmé
ὁμολογῆσαι πρὸς τοὺς φίλους	avoir avoué à ses amis
ἀπέχειν τὸν καρπὸν	recueillir (qu'il recueillait) le fruit
τῶν πονηθέντων αὐτῷ	des choses faites-avec-travail par lui
ὑπὲρ τῆς Ἑλλάδος.	pour la Grèce.
XVIII. Καὶ γὰρ ἦν φύσει	XVIII. Et en effet il était de nature
φιλοτιμότατος,	très-ami-de-la-gloire,
εἰ δεῖ τεκμαίρεσθαι	s'il faut conjecturer
διὰ τῶν ἀπομνημονευομένων.	par les choses rapportées.
Αἱρεθείς τε γὰρ ναύαρχος	Car et ayant été élu chef-de-la-flotte
ὑπὲρ τῆς πόλεως,	pour la ville,
ἐχρημάτιζεν οὐδὲν	il n'expédiait aucune
οὔτε τῶν ἰδίων	ni des *affaires* particulières
οὔτε τῶν κοινῶν	ni des *affaires* publiques
κατὰ μέρος,	par partie (partiellement),
ἀλλὰ ἀνεβάλλετο	mais remettait
πᾶν τὸ προσπῖπτον	tout ce qui survenait
εἰς ἐκείνην τὴν ἡμέραν	à ce jour [voile,
κατὰ ἣν ἔμελλεν ἐκπλεῖν,	dans lequel il devait mettre-à-la-
ἵνα πράττων	afin que faisant
πολλὰ πράγματα ὁμοῦ,	de nombreuses affaires à-la-fois,
καὶ ὁμιλῶν	et conversant
ἀνθρώποις παντοδαποῖς,	avec des hommes de-toute-sorte,
δοκῇ εἶναι μέγας.	il parût être grand,
καὶ δύνασθαι πλεῖστον·	et pouvoir très-grandement;
ἐπισκοπῶν τε	et examinant
τοὺς τῶν νεκρῶν ἐκπεσόντας	ceux des cadavres rejetés
παρὰ τὴν θάλασσαν,	le-long-de la mer,
ὡς εἶδε	comme il vit
ψέλλια χρυσᾶ	des bracelets d'or
περικείμενα	étant-autour *de leurs bras*
καὶ στρεπτούς,	et des colliers,
αὐτὸς μὲν παρῆλθε,	lui-même passa-outre,
δείξας δὲ	mais ayant montré
τῷ φίλῳ ἑπομένῳ,	à l'ami qui *le* suivait,
εἶπεν· « Ἀνελοῦ σαυτῷ·	dit : « Prends pour toi-même;
σὺ γὰρ οὐκ εἶ Θεμιστοκλῆς. »	car toi tu n'es pas Thémistocle. »
Πρὸς δέ τινα	Et à quelqu'un
τῶν γεγονότων καλῶν,	de ceux ayant été beaux,
Ἀντιφάτην,	Antiphatès,

ὑπερηφάνως αὐτῷ κεχρημένον πρότερον, ὕστερον δὲ θεραπεύοντα
διὰ τὴν δόξαν· « Ὦ μειράκιον, εἶπεν, ὀψὲ μὲν, ἀμφότεροι δ᾽
ἅμα νοῦν ἐσχήκαμεν. » Ἔλεγε δὲ τοὺς Ἀθηναίους οὐ τιμᾶν αὐτὸν,
οὐδὲ θαυμάζειν, ἀλλ᾽ ὥσπερ πλατάνῳ χειμαζομένους μὲν ὑπο-
τρέχειν καὶ κινδυνεύοντας, εὐδίας δὲ περὶ αὐτοὺς γενομένης,
τίλλειν καὶ κολούειν. Τοῦ δὲ Σεριφίου[1] πρὸς αὐτὸν εἰπόντος, ὡς
οὐ δι᾽ αὐτὸν ἔσχηκε δόξαν, ἀλλὰ διὰ τὴν πόλιν· « Ἀληθεύων
λέγεις, εἶπεν, ἀλλ᾽ οὔτ᾽ ἂν ἐγὼ, Σερίφιος ὢν, ἐγενόμην ἔν-
δοξος, οὔτε σὺ, Ἀθηναῖος. » Ἑτέρου δέ τινος τῶν στρατηγῶν,
ὡς ἔδοξέ τι χρήσιμον διαπεπρᾶχθαι τῇ πόλει, θρασυνομένου
πρὸς τὸν Θεμιστοκλέα, καὶ τὰς ἑαυτοῦ ταῖς ἐκείνου πράξεσιν
ἀντιπαραβάλλοντος, ἔφη τῇ ἑορτῇ ὑστέραν ἐρίσαι, λέγουσαν,

garçon, mais dédaigneux pour Thémistocle, lui faisait la cour
depuis qu'il était en renom : « Jeune homme, lui dit Thémistocle,
c'est trop tard que tous deux en même temps nous sommes de-
venus sages. » Il disait que les Athéniens n'avaient pour lui ni es-
time, ni admiration : il était pour eux un platane sous lequel on
court se réfugier pendant l'orage et le danger, et que, le temps
devenu serein, on dépouille et l'on ébranche. Un habitant de Sériphos lui disant que ce n'était pas à lui-même qu'il devait son
illustration, mais à sa patrie : « Tu dis vrai, répondit Thémistocle; mais ni moi, né à Sériphos, je ne fusse devenu célèbre, ni
toi, né à Athènes. » Un des autres chefs, qui se figurait avoir
rendu un grand service à la république, se vantait devant Thémistocle et comparait ses actions aux siennes : « Le Lendemain,
dit Thémistocle, eut querelle avec la fête. Il lui reprochait de

κεχρημένον αὐτῷ	qui avait usé de lui (l'avait traité)
ὑπερηφάνως πρότερον,	avec-dédain précédemment,
ὕστερον δὲ θεραπεύοντα	mais plus tard le courtisait
διὰ τὴν δόξαν·	à-cause-de sa gloire :
« Ὦ μειράκιον, εἶπεν,	« O jeune-homme, dit-il,
ὀψὲ μὲν,	tard à la vérité,
ἀμφότεροι δὲ ἅμα	mais tous-deux en-même-temps
ἐσχήκαμεν νοῦν. »	nous avons eu du sens. »
Ἔλεγε δὲ τοὺς Ἀθηναίους	Et il disait les Athéniens
οὐ τιμᾶν αὐτὸν,	ne pas honorer lui,
οὐδὲ θαυμάζειν,	et ne pas l'admirer,
ἀλλὰ χειμαζομένους μὲν	mais étant battus-par-la-tempête
καὶ κινδυνεύοντας	et étant-en-danger
ὑποτρέχειν	courir-sous lui
ὥσπερ πλατάνῳ·	comme sous un platane;
εὐδίας δὲ	mais le calme
γενομένης περὶ αὐτοὺς,	s'étant fait autour d'eux,
τίλλειν καὶ κολούειν.	le dépouiller et l'ébrancher.
Τοῦ δὲ Σεριφίου	Et l'habitant de-Sériphe
εἰπόντος πρὸς αὐτὸν	ayant dit à lui
ὡς οὐκ ἔσχηκε δόξαν	qu'il n'a (n'avait) pas eu de gloire
διὰ αὑτὸν,	par lui-même,
ἀλλὰ διὰ τὴν πόλιν·	mais par la ville :
« Λέγεις, εἶπεν,	« Tu parles, dit-il,
ἀληθεύων,	disant-la-vérité,
ἀλλὰ οὔτε ἐγὼ, ὢν Σερίφιος,	mais ni moi, étant de-Sériphe,
ἂν ἐγενόμην ἔνδοξος,	je ne serais devenu illustre,
οὔτε σὺ, Ἀθηναῖος· »	ni toi, étant Athénien. »
Τινὸς δὲ ἑτέρου τῶν στρατηγῶν,	Et quelque autre des stratéges,
ὡς ἔδοξε	comme il crut [tile
διαπεπρᾶχθαί τι χρήσιμον	avoir accompli quelque chose d'u-
τῇ πόλει,	pour la ville,
θρασυνομένου	se glorifiant
πρὸς τὸν Θεμιστοκλέα,	devant Thémistocle,
καὶ ἀντιπαραβάλλοντος	et comparant
τὰς ἑαυτοῦ	les actions de lui-même
ταῖς πράξεσιν ἐκείνου,	aux actions de celui-là,
ἔφη τὴν ὑστέραν	il dit le lendemain
ἐρίσαι τῇ ἑορτῇ,	avoir eu-querelle avec la fête,
λέγουσαν	disant

ὡς ἐκείνη μὲν ἀσχολιῶν τε μεστὴ καὶ κοπώδης ἐστὶν, ἐν αὐτῇ
δὲ πάντες ἀπολαύουσι τῶν παρεσκευασμένων σχολάζοντες· τὴν
δ' ἑορτὴν πρὸς ταῦτ' εἰπεῖν· « Ἀληθῆ λέγεις· ἀλλ' ἐμοῦ μὴ
γενομένης, σὺ οὐκ ἂν ἦσθα. » « Κἀμοῦ τοίνυν, ἔφη, τότε μὴ
γενομένου, ποῦ ἂν ἦτε νῦν ὑμεῖς; » Τὸν δὲ υἱὸν ἐντρυφῶντα τῇ
μητρὶ, καὶ δι' ἐκείνην αὐτῷ, σκώπτων ἔλεγε πλεῖστον τῶν
Ἑλλήνων δύνασθαι· τοῖς μὲν γὰρ Ἕλλησιν ἐπιτάττειν Ἀθηναίους, Ἀθηναίοις δ' αὐτὸν, αὐτῷ δὲ τὴν ἐκείνου μητέρα, τῇ
μητρὶ δ' ἐκεῖνον. Ἴδιος δέ τις ἐν πᾶσι βουλόμενος εἶναι, χωρίον
μὲν πιπράσκων, ἐκέλευε κηρύττειν, ὅτι καὶ γείτονα χρηστὸν
ἔχει. Τῶν δὲ μνωμένων αὐτοῦ τὴν θυγατέρα τὸν ἐπιεικῆ τοῦ
πλουσίου προκρίνας, ἔφη ζητεῖν ἄνδρα χρημάτων δεόμενον

ne pas laisser un moment de loisir, d'accabler le monde de tra-
vail, tandis que, le lendemain, tous jouissaient à l'aise des
biens amassés. La fête répondit : « Tu as raison; mais, si je
n'avais pas été, tu ne serais pas. — Et moi aussi, ajouta Thémistocle, si je n'avais pas été, où seriez-vous maintenant? » Son fils
abusait de la tendresse de sa mère, et, par sa mère, de la tendresse de son père. Thémistocle dit, en plaisantant, que son fils
était le plus puissant des Grecs : « En effet, les Athéniens com-
mandent aux Grecs, moi aux Athéniens, sa mère à moi, et lui à
sa mère. » En toute chose il voulait paraître singulier. Il avait
une terre à vendre : il la fait mettre en criée, ajoutant qu'on
aurait de plus un bon voisin. Deux prétendants lui demandaient
sa fille : il préféra l'homme de bien au riche en disant : « Je
cherche un homme qui ait besoin de richesses et non pas des

ὡς ἐκείνη μὲν	que celle-là (la fête)
ἐστὶ μεστὴ ἀσχολιῶν	est remplie d'occupations
καὶ κοπώδης,	et fatigante,
πάντες δὲ ἐν αὐτῇ	mais que tous dans lui-même
σχολάζοντες	ayant-du-loisir
ἀπολαύουσι	jouissent
τῶν παρεσκευασμένων·	des choses préparées;
τὴν δὲ ἑορτὴν	et la fête
εἰπεῖν πρὸς ταῦτα·	avoir dit à ces choses :
« Λέγεις ἀληθῆ.	« Tu dis des choses vraies;
ἀλλὰ ἐμοῦ μὴ γενομένης,	mais moi n'ayant pas été,
σὺ οὐκ ἂν ἦσθα. »	toi tu ne serais pas. »
« Καὶ ἐμοῦ τοίνυν, ἔφη,	« Aussi moi donc, dit-il,
μὴ γενομένου τότε,	n'ayant pas été alors,
ποῦ ἂν ἦτε νῦν ὑμεῖς; »	où seriez-vous maintenant vous ? »
Ἔλεγε δὲ σκώπτων	Et il disait en raillant
τὸν υἱὸν	son fils
ἐντρυφῶντα τῇ μητρὶ,	qui menait sa mère,
καὶ αὐτῷ διὰ ἐκείνην,	et lui par elle,
δύνασθαι πλεῖστον	être-puissant le plus
τῶν Ἑλλήνων·	des Grecs;
Ἀθηναίους μὲν γὰρ	en effet les Athéniens
ἐπιτάττειν τοῖς Ἕλλησιν,	donner-des-ordres aux Grecs,
αὐτὸν δὲ Ἀθηναίοις,	et lui-même aux Athéniens,
τὴν δὲ μητέρα ἐκείνου	et la mère de celui-là (de son fils)
αὐτῷ,	à lui-même,
ἐκεῖνον δὲ τῇ μητρί.	et celui-là à sa mère.
Βουλόμενος δὲ	Et voulant
εἶναί τις ἴδιος	être quelqu'un d'original
ἐν πᾶσι,	en toutes choses,
πιπράσκων μὲν χωρίον,	vendant une terre,
ἐκέλευε κηρύττειν,	il ordonnait de crier,
ὅτι ἔχει	qu'elle a (avait)
καὶ χρηστὸν γείτονα.	aussi un bon voisin.
Τῶν δὲ μνωμένων	Et de ceux qui recherchaient
τὴν θυγατέρα αὐτοῦ	la fille de lui
προκρίνας τὸν ἐπιεικῆ	ayant préféré le vertueux
τοῦ πλουσίου,	au riche,
ἔφη ζητεῖν ἄνδρα	il dit chercher un homme
δεόμενον χρημάτων	ayant-besoin d'argent

μᾶλλον, ἢ χρήματα ἀνδρός. Ἐν μὲν οὖν τοῖς ἀποφθέγμασι
τοιοῦτός τις ἦν.

XIX. Γενόμενος δ' ἀπὸ τῶν πράξεων ἐκείνων, εὐθὺς ἐπεχείρει τὴν πόλιν ἀνοικοδομεῖν καὶ τειχίζειν, ὡς μὲν ἱστορεῖ
Θεόπομπος, χρήμασι πείσας μὴ ἐναντιωθῆναι τοὺς ἐφόρους,
ὡς δ' οἱ πλεῖστοι [1], παρακρουσάμενος. Ἧκε μὲν γὰρ εἰς Σπάρτην, ὄνομα πρεσβείας ἐπιγραψάμενος. Ἐγκαλούντων δὲ τῶν
Σπαρτιατῶν, ὅτι τειχίζουσι τὸ ἄστυ, καὶ Πολιάρχου κατηγοροῦντος, ἐπίτηδες ἐξ Αἰγίνης ἀποσταλέντος, ἠρνεῖτο, καὶ πέμπειν ἐκέλευεν εἰς Ἀθήνας τοὺς κατοψομένους, ἅμα μὲν ἐμβάλλων
τῷ τειχισμῷ χρόνον ἐκ τῆς διατριβῆς, ἅμα δὲ βουλόμενος ἀνθ'
αὐτοῦ τοὺς πεμπομένους ὑπάρχειν τοῖς Ἀθηναίοις. Ὃ καὶ συ-
νέβη· γνόντες γὰρ οἱ Λακεδαιμόνιοι τὸ ἀληθές, οὐκ ἠδίκησαν

richesses qui aient besoin d'un homme. » Tels sont les bons mots
de Thémistocle.

XIX. Après les faits que nous avons dits, il s'occupa, sans
perdre un instant, de rebâtir et de fortifier Athènes, et empêcha
avec de l'argent, au dire de Théopompe, l'opposition des éphores.
Les autres historiens le font recourir à la ruse. Il se rend à Sparte,
sous prétexte d'ambassade ; et, comme les Spartiates se plai-
gnaient de ce qu'on fortifiait Athènes, et s'appuyaient du témoignage de Poliarque, envoyé expressément par les Éginètes pour
accuser les Athéniens, il nie le fait, et propose de dépêcher à
Athènes pour s'en assurer. Il voulait tout ensemble gagner du
temps pour achever les murailles et donner aux Athéniens, dans
les envoyés, des otages de sa personne. C'est ce qui arriva. Les
Lacédémoniens, instruits de la vérité, dissimulent leur ressenti-

μᾶλλον ἢ χρήματα   plutôt que de l'argent
ἀνδρός.   *ayant besoin* d'un homme.
Ἐν μὲν οὖν τοῖς ἀποφθέγμασιν   Donc dans les mots
ἦν τις τοιοῦτος.   il était quelqu'un *de* tel.

    XIX. Γενόμενος δὲ   XIX. Et s'étant trouvé
ἀπὸ ἐκείνων τῶν πράξεων,   hors de ces affaires,
εὐθὺς ἐπεχείρει   aussitôt il entreprit
ἀνοικοδομεῖν τὴν πόλιν   de rebâtir la ville
καὶ τειχίζειν,   et de *la* fortifier,
ὡς μὲν ἱστορεῖ Θεόπομπος,   comme raconte Théopompe,
πείσας χρήμασι   ayant persuadé par de l'argent
τοὺς ἐφόρους   aux éphores
μὴ ἐναντιωθῆναι,   de ne pas s'opposer,
ὡς δὲ οἱ πλεῖστοι,   mais comme la plupart *racontent*,
παρακρουσάμενος.   *lés* ayant trompés.
Ἦκε μὲν γὰρ εἰς Σπάρτην,   En effet il vint à Sparte,
ἐπιγραψάμενος   ayant inscrit (donné) *à son voyage*
ὄνομα πρεσβείας·   le nom d'ambassade.
Τῶν δὲ Σπαρτιατῶν   Et les Spartiates
ἐγκαλούντων   se plaignant
ὅτι τειχίζουσι τὸ ἄστυ,   qu'ils fortifient la ville,
καὶ Πολιάρχου   et Poliarque,
ἀποσταλέντος ἐπίτηδες   envoyé exprès
ἐξ Αἰγίνης,   d'Égine,
κατηγοροῦντος,   accusant,
ἠρνεῖτο,   il niait,
καὶ ἐκέλευε πέμπειν εἰς Ἀθήνας   et invitait à envoyer à Athènes
τοὺς κατοψομένους,   les *gens* devant examiner,
ἅμα μὲν   en-même-temps
ἐμβάλλων χρόνον τῷ τειχισμῷ   donnant du temps à la fortification
ἐκ τῆς διατριβῆς,   par-suite du retard,
ἅμα δὲ βουλόμενος   et en-même-temps voulant
τοὺς πεμπομένους   ceux envoyés
ὑπάρχειν τοῖς Ἀθηναίοις   être aux Athéniens
ἀντὶ αὑτοῦ.   en-échange-de lui-même.
Ὃ καὶ συνέβη·   Ce qui aussi arriva;
οἱ γὰρ Λακεδαιμόνιοι   car les Lacédémoniens
γνόντες τὸ ἀληθὲς   ayant reconnu le vrai
οὐκ ἠδίκησαν αὐτὸν,   ne firent-pas-de-mal à lui,
ἀλλὰ χαλεπαίνοντες   mais étant fâchés

αὐτὸν, ἀλλ᾽ ἀδήλως χαλεπαίνοντες, ἀπέπεμψαν. Ἐκ δὲ τούτου τὸν Πειραιᾶ κατεσκεύαζε, τὴν τῶν λιμένων εὐφυΐαν κατανοήσας[1], καὶ τὴν πόλιν ὅλην ἁρμοττόμενος πρὸς τὴν θάλατταν, καὶ τρόπον τινὰ τοῖς παλαιοῖς βασιλεῦσι τῶν Ἀθηναίων ἀντιπολιτευόμενος. Ἐκεῖνοι μὲν γὰρ, ὡς λέγεται, πραγματευόμενοι τοὺς πολίτας ἀποσπάσαι τῆς θαλάσσης, καὶ συνεθίσαι ζῆν μὴ πλέοντας, ἀλλὰ τὴν χώραν φυτεύοντας, τὸν περὶ τῆς Ἀθηνᾶς διέδοσαν λόγον, ὡς, ἐρίσαντος περὶ τῆς χώρας τοῦ Ποσειδῶνος, δείξασα τὴν μορίαν τοῖς δικασταῖς, ἐνίκησε. Θεμιστοκλῆς δ᾽ οὐχ, ὡς Ἀριστοφάνης ὁ κωμικὸς λέγει[2], τῇ πόλει τὸν Πειραιᾶ προσέμαξεν, ἀλλὰ τὴν πόλιν ἐξῆψε τοῦ Πειραιῶς, καὶ τὴν γῆν τῆς θαλάττης · ὃ καὶ τὸν δῆμον ηὔξησε κατὰ τῶν ἀρίστων, καὶ θράσους ἐνέπλησεν, εἰς ναύτας καὶ κελευστὰς καὶ κυβερνήτας

ment et le laissent partir sans lui faire de mal. Il fait ensuite fortifier le Pirée, après avoir reconnu la commodité de ses bassins, avec l'intention de donner à la ville tout entière le goût de la mer, bien que cette politique fût tout à fait opposée à celle des anciens rois d'Athènes. Ceux-ci, dit-on, voulant éloigner les citoyens du commerce maritime, et leur faire abandonner désormais la navigation pour l'agriculture, avaient répandu la fable où Minerve et Neptune se disputant le patronage d'Athènes, Minerve montre aux juges l'olivier sacré et gagne sa cause. Thémistocle ne colla donc point le Pirée à la ville, comme le prétend Aristophane le comique, mais il rattacha la ville au Pirée, et la terre à la mer. C'était garantir le peuple contre l'aristocratie et le remplir de confiance en lui-même, que de mettre ainsi l'autorité aux mains

ἀδήλως,	non-ostensiblement,
ἀπέπεμψαν.	*le* laissèrent-partir.
Ἐκ δὲ τούτου	Et à-la-suite-de cela
κατεσκεύαζε τὸν Πειραιᾶ,	il fortifiait le Pirée,
κατανοήσας	ayant reconnu
τὴν εὐφυΐαν τῶν λιμένων,	la commodité des ports,
καὶ ἁρμοττόμενος	et ajustant
τὴν πόλιν ὅλην	la ville tout-entière
πρὸς τὴν θάλατταν,	à la mer,
καί τινα τρόπον	et en quelque-sorte
ἀντιπολιτευόμενος	administrant-en-sens-contraire
τοῖς παλαιοῖς βασιλεῦσιν.	aux anciens rois.
Ἐκεῖνοι μὲν γὰρ,	Ceux-là en effet,
ὡς λέγεται,	comme il est dit,
πραγματευόμενοι	s'appliquant
ἀποσπάσαι τοὺς πολίτας	à détourner les citoyens
τῆς θαλάσσης,	de la mer,
καὶ συνεθίσαι ζῆν	et à *les* habituer à vivre
μὴ πλέοντας,	ne naviguant pas,
ἀλλὰ φυτεύοντας τὴν χώραν,	mais cultivant la contrée,
διέδοσαν τὸν λόγον	répandirent la fable
περὶ τῆς Ἀθηνᾶς,	sur Minerve,
ὡς, τοῦ Ποσειδῶνος	que, Neptune
ἐρίσαντος	ayant eu-procès *avec elle*
περὶ τῆς χώρας,	pour *le patronage du* pays.
δείξασα τοῖς δικασταῖς	ayant montré aux juges
τὴν μορίαν,	l'olivier-sacré,
ἐνίκησε.	elle l'emporta.
Θεμιστοκλῆς δὲ	Mais Thémistocle
οὐ προσέμαξε τὸν Πειραῖα	ne colla pas le Pirée
τῇ πόλει,	à la ville,
ὡς λέγει	comme dit
Ἀριστοφάνης ὁ Κωμικὸς,	Aristophane le Comique,
ἀλλὰ ἐξῆψε τὴν πόλιν	mais rattacha la ville
τοῦ Πειραιῶς,	au Pirée,
καὶ τὴν γῆν τῆς θαλάττης·	et la terre à la mer;
ὃ καὶ ηὔξησε τὸν δῆμον	ce qui aussi grandit le peuple
κατὰ τῶν ἀρίστων,	contre les aristocrates,
καὶ ἐνέπλησε θράσους,	et *le* remplit de confiance,
τῆς δυνάμεως ἀφικομένης	la puissance arrivant

τῆς δυνάμεως ἀφικομένης. Διὸ καὶ τὸ βῆμα τὸ ἐν Πνυκὶ, πε-
ποιημένον ὥστ' ἀποβλέπειν πρὸς τὴν θάλατταν, ὕστερον οἱ
Τριάκοντα πρὸς τὴν χώραν ἀπέστρεψαν, οἰόμενοι τὴν μὲν κατὰ
θάλατταν ἀρχὴν γένεσιν εἶναι δημοκρατίας, ὀλιγαρχίᾳ δ' ἧττον
δυσχεραίνειν τοὺς γεωργοῦντας.

XX. Θεμιστοκλῆς δὲ καὶ μεῖζόν τι περὶ τῆς ναυτικῆς διε-
νοήθη δυνάμεως. Ἐπεὶ γὰρ ὁ τῶν Ἑλλήνων στόλος, ἀπηλλαγμέ-
νου Ξέρξου, κατῆρεν εἰς Παγασὰς¹, καὶ διεχείμαζε, δημηγορῶν
ἐν τοῖς Ἀθηναίοις ἔφη τινὰ πρᾶξιν ἔχειν ὠφέλιμον μὲν αὐτοῖς
καὶ σωτήριον, ἀπόρρητον δὲ πρὸς τοὺς πολλούς. Τῶν δ' Ἀθηναίων Ἀριστείδῃ μόνῳ φράσαι κελευόντων, κἂν ἐκεῖνος δοκι-
μάσῃ, περαίνειν, ὁ μὲν Θεμιστοκλῆς ἔφρασε τῷ Ἀριστείδῃ, τὸ
νεώριον ἐμπρῆσαι διανοεῖσθαι τῶν Ἑλλήνων. Ὁ δ' εἰς τὸν

des matelots, des rameurs et des pilotes. Aussi, dans la suite, la
tribune du Pnyx, qui regardait la mer, fut-elle tournée du côté
de la terre par les Trente; ils pensaient que les forces maritimes
engendrent la démocratie, tandis que l'oligarchie trouve moins de
résistance chez les laboureurs.

XX. Thémistocle avait imaginé, dans l'intérêt de la marine, un
projet extraordinaire. La flotte grecque, depuis la retraite de
Xerxès, était à Pagases, où elle hivernait. Il dit un jour dans
l'assemblée des Athéniens qu'il avait un dessein, dont l'exécution
leur serait avantageuse et salutaire, mais qu'il ne devait pas faire
connaître au public. Les Athéniens lui ordonnent de le commu-
niquer à Aristide seul, et de se mettre à l'œuvre, si Aristide l'approuve. Thémistocle dit à Aristide qu'il a conçu l'idée de brûler la
flotte des Grecs. Aristide rentre dans l'assemblée et déclare que le

εἰς ναύτας καὶ κελευστὰς	aux matelots et rameurs
καὶ κυβερνήτας.	et pilotes.
Διὸ καὶ ὕστερον	C'est-pourquoi aussi plus tard
οἱ Τριάκοντα	les Trente *tyrans*
ἀπέστρεψαν πρὸς τὴν χώραν	tournèrent vers la contrée
τὸ βῆμα τὸ ἐν Πνυκὶ,	la tribune celle dans le Pnyx,
πεποιημένον	faite
ὥστε ἀποβλέπειν	de-manière-à regarder
πρὸς τὴν θάλασσαν,	vers la mer,
οἰόμενοι	pensant
τὴν μὲν ἀρχὴν κατὰ θάλατταν	l'empire sur mer
εἶναι γένεσιν	être l'engendrement
δημοκρατίας,	de là démocratie,
τοὺς δὲ γεωργοῦντας	et ceux qui travaillent-la-terre
δυσχεραίνειν ἧττον	être fâchés moins
ὀλιγαρχίᾳ.	de l'oligarchie.
XX. Θεμιστοκλῆς δὲ	XX. Mais Thémistocle
διενοήθη	conçut
καί τι μεῖζον	encore quelque chose de plus grand
περὶ τῆς δυνάμεως ναυτικῆς.	au-sujet-de la puissance navale.
Ἐπεὶ γὰρ	Car après que
ὁ στόλος τῶν Ἑλλήνων,	la flotte des Grecs,
Ξέρξου ἀπηλλαγμένου,	Xerxès s'étant retiré,
κατῆρεν εἰς Παγασὰς,	eut relâché à Pagases,
καὶ διεχείμαζε,	et y passait-l'hiver,
δημηγορῶν ἐν τοῖς Ἀθηναίοις,	haranguant parmi les Athéniens,
ἔφη ἔχειν τινὰ πρᾶξιν	il dit avoir une certaine action
ὠφέλιμον μὲν αὐτοῖς	utile à eux
καὶ σωτήριον,	et salutaire,
ἀπόρρητον δὲ	mais impossible-à-dire
πρὸς τοὺς πολλούς.	à la multitude.
Τῶν δὲ Ἀθηναίων	Et les Athéniens
κελευόντων φράσαι	*lui* ordonnant de *l'*expliquer
Ἀριστείδῃ μόνῳ,	à Aristide seul,
καὶ ἂν ἐκεῖνος δοκιμάσῃ,	et si celui-là *l'*approuve,
περαίνειν,	de *l'*exécuter,
ὁ μὲν Θεμιστοκλῆς	Thémistocle
ἔφρασε τῷ Ἀριστείδῃ,	expliqua à Aristide,
διανοεῖσθαι ἐμπρῆσαι	*lui* songer à incendier
τὸ νεώριον τῶν Ἑλλήνων.	l'arsenal-naval des Grecs.

δῆμον παρελθὼν ἔφη τῆς πράξεως, ἣν διανοεῖται πράττειν ὁ Θεμιστοκλῆς, μηδεμίαν εἶναι μήτε λυσιτελεστέραν μήτε ἀδικωτέραν. Οἱ μὲν οὖν Ἀθηναῖοι διὰ ταῦτα παύσασθαι τῷ Θεμιστοκλεῖ προσέταξαν. Ἐν δὲ τοῖς Ἀμφικτυονικοῖς συνεδρίοις, τῶν Λακεδαιμονίων εἰσηγουμένων, ὅπως ἀπείργωνται τῆς Ἀμφικτυονίας αἱ μὴ συμμαχήσασαι κατὰ τοῦ Μήδου πόλεις, φοβηθεὶς μὴ Θετταλοὺς καὶ Ἀργείους, ἔτι δὲ Θηβαίους, ἐκβαλόντες τοῦ συνεδρίου, παντελῶς ἐπικρατήσωσι τῶν ψήφων, καὶ γένηται τὸ δοκοῦν ἐκείνοις, συνεῖπε ταῖς πόλεσι, καὶ μετέθηκε τὰς γνώμας τῶν πυλαγόρων [1], διδάξας, ὡς τριάκοντα καὶ μία μόναι πόλεις εἰσὶν αἱ μετασχοῦσαι τοῦ πολέμου, καὶ τούτων αἱ πλείους παντάπασι μικραί· δεινὸν οὖν, εἰ, τῆς ἄλλης Ἑλλάδος ἐκσπόνδου

projet dont Thémistocle médite l'exécution est à la fois le plus utile et le plus injuste. Les Athéniens lui enjoignent d'y renoncer. Les Lacédémoniens proposaient dans les conseils amphictyoniques, que les villes qui n'étaient pas entrées dans la ligue contre les Mèdes, fussent exclues de l'amphictyonie. Thémistocle, craignant que, si les Thessaliens, les Argiens, et avec eux les Thébains, étaient évincés du conseil, les Spartiates n'y devinssent maîtres des suffrages et ne fissent ce qui leur plairait, défendit la cause de ces villes et amena les pylagores à son sentiment. Il leur fit observer que trente et une villes seulement, la plupart même fort peu considérables, avaient pris part à la guerre. Ce serait donc un grand malheur de donner ainsi à deux ou trois villes

Ὁ δὲ	Et celui-ci
παρελθὼν εἰς τὸν δῆμον	s'étant avancé devant le peuple
ἔφη μηδεμίαν	dit aucune *action*
εἶναι μήτε λυσιτελεστέραν	*n*'être ni plus utile
μήτε ἀδικωτέραν	ni plus injuste
τῆς πράξεως	que l'action
ἣν ὁ Θεμιστοκλῆς	que Thémistocle
διανοεῖται πράττειν.	médite de faire.
Οἱ μὲν οὖν Ἀθηναῖοι	Les Athéniens donc
διὰ ταῦτα	à-cause-de cela
προσέταξαν τῷ Θεμιστοκλεῖ	enjoignirent à Thémistocle
παύσασθαι.	de cesser.
Ἐν δὲ τοῖς συνεδρίοις	Et dans les assemblées
Ἀμφικτυονικοῖς,	des-Amphictyons,
τῶν Λακεδαιμονίων	les Lacédémoniens
εἰσηγουμένων,	proposant,
ὅπως αἱ πόλεις	que les villes [tres
μὴ συμμαχήσασαι	n'ayant pas combattu-avec *les au-*
κατὰ τοῦ Μήδου	contre le Mède.
ἀπείργωνται τῆς Ἀμφικτυονίας,	fussent exclues de l'Amphictyonie,
φοβηθεὶς	ayant craint
μὴ ἐκβαλόντες τοῦ συνεδρίου	qu'ayant chassé de l'assemblée
Θετταλοὺς καὶ Ἀργείους,	les Thessaliens et les Argiens,
ἔτι δὲ Θηβαίους,	et encore les Thébains,
ἐπικρατήσωσι	ils ne fussent-maîtres
παντελῶς	complétement
τῶν ψήφων,	des suffrages,
καὶ τὸ δοκοῦν ἐκείνοις	et que ce qui plaisait à ceux-là
γένηται,	ne se fît,
συνεῖπε ταῖς πόλεσι,	il défendit les villes,
καὶ μετέθηκε τὰς γνώμας	et déplaça les avis
τῶν πυλαγόρων,	des pylagores,
διδάξας	ayant remontré
ὡς τριάκοντα καὶ μία πόλεις	que trente et une villes
μόναι	seules (seulement)
εἰσὶν αἱ μετασχοῦσαι	sont celles ayant pris-part
τοῦ πολέμου,	à la guerre,
καὶ αἱ πλείους τούτων	et la plupart de celles-ci
παντάπασι μικραί·	tout à fait petites ;
δεινὸν οὖν,	*être* donc dangereux,

γενομένης, ἐπὶ ταῖς μεγίσταις δυσὶν ἢ τρισὶ πόλεσιν ἔσται τὸ
συνέδριον. Ἐκ τούτου μὲν οὖν μάλιστα τοῖς Λακεδαιμονίοις προσ-
έκρουσε· διὸ καὶ τὸν Κίμωνα προήγοντο ταῖς τιμαῖς, ἀντίπαλον
ἐν τῇ πολιτείᾳ τῷ Θεμιστοκλεῖ καθιστάντες.

XXI. Ἦν δὲ καὶ τοῖς συμμάχοις ἐπαχθής, περιπλέων τε
τὰς νήσους καὶ χρηματιζόμενος ἀπ' αὐτῶν· οἷα καὶ πρὸς Ἀν-
δρίους [1] ἀργύριον αἰτοῦντά φησιν αὐτὸν Ἡρόδοτος εἰπεῖν τε καὶ
ἀκοῦσαι. Δύο γὰρ ἥκειν ἔφη θεοὺς κομίζων, Πειθὼ καὶ Βίαν·
οἱ δ' ἔφασαν εἶναι καὶ παρ' αὐτοῖς θεοὺς μεγάλους δύο, Πενίαν
καὶ Ἀπορίαν, ὑφ' ὧν κωλύεσθαι δοῦναι χρήματα ἐκείνῳ. Τιμοκρέων δ' ὁ Ῥόδιος μελοποιὸς ἐν ᾄσματι καθάπτεται πικρό-
τερον τοῦ Θεμιστοκλέους, ὡς ἄλλους μὲν ἐπὶ χρήμασι φυγάδας

principales, à l'exclusion de toute la Grèce, la prépondérance dans
le conseil. Depuis ce moment, il fut en butte à la haine des Lacédémoniens. Ils poussèrent Cimon aux honneurs, pour balancer
l'influence politique de Thémistocle.

XXI. Il devint également odieux aux alliés, en parcourant les
îles pour y lever des contributions. Ainsi, quand il demanda de
l'argent à ceux d'Andros, voici ce qui se passa, suivant Hérodote. Il dit qu'il apportait avec lui deux divinités, la Persuasion et
la Violence : ils lui répondirent qu'ils avaient aussi chez eux deux
grandes divinités, la Pauvreté et l'Indigence, qui leur défendaient
de rien donner. Timocréon de Rhodes, poëte lyrique, adresse
dans une de ses chansons un reproche amer à Thémistocle, c'est

εἰ, τῆς ἄλλης Ἑλλάδος	si, le reste-de la Grèce
γενομένης ἐκσπόνδου,	ayant été exclu-des-délibérations,
τὸ συνέδριον ἔσται	l'assemblée sera
ἐπὶ ταῖς δυσὶν ἢ τρισὶ πόλεσι	au-pouvoir des deux ou trois villes
μεγίσταις.	les plus grandes.
Ἐκ τούτου μὲν οὖν	A-la-suite de cela donc
προσέκρουσε	il choqua
τοῖς Λακεδαιμονίοις μάλιστα·	les Lacédémoniens le plus ;
διὸ καὶ	c'est-pourquoi aussi
προήγοντο τὸν Κίμωνα	ils avançaient Cimon
ταῖς τιμαῖς,	par les honneurs,
καθιστάντες ἀντίπαλον	l'établissant adversaire
τῷ Θεμιστοκλεῖ	à Thémistocle
ἐν τῇ πολιτείᾳ.	dans le gouvernement.
XXI. Ἦν δὲ καὶ	XXI. Et il était aussi
ἐπαχθὴς τοῖς συμμάχοις,	odieux aux alliés,
περιπλέων τε τὰς νήσους	et naviguant-autour des îles
καὶ χρηματιζόμενος ἀπὸ αὐτῶν·	et tirant-de-l'argent d'eux ;
οἷα καὶ	de telles choses aussi
Ἡρόδοτός φησιν αὐτὸν	Hérodote dit lui
αἰτοῦντα ἀργύριον	demandant de l'argent
πρὸς τοὺς Ἀνδρίους	aux habitants-d'Andros
εἰπεῖν τε καὶ ἀκοῦσαι.	et avoir dites et avoir entendues.
Ἔφη γὰρ ἥκειν	En effet il dit être venu
κομίζων δύο θεούς,	apportant deux dieux,
Πειθὼ καὶ Βίαν·	Persuasion et Violence ;
οἱ δὲ ἔφασαν	mais ceux-ci dirent
καὶ δύο θεοὺς μεγάλους	aussi deux dieux grands
εἶναι παρὰ αὐτοῖς,	être chez eux-mêmes,
Πενίαν καὶ Ἀπορίαν,	Pauvreté et Indigence, [chés
ὑπὸ ὧν κωλύεσθαι	par lesquels être (ils étaient) empê-
δοῦναι χρήματα ἐκείνῳ.	de donner de l'argent à celui-là.
Τιμοκρέων δὲ	Et Timocréon
ὁ μελοποιὸς Ῥόδιος	le poëte-lyrique de-Rhodes
ἐν ᾄσματι	dans une chanson
καθάπτεται πικρότερον	touche assez-amèrement
τοῦ Θεμιστοκλέους,	Thémistocle,
ὡς διαπραξαμένου μὲν	comme ayant machiné
ἐπὶ χρήμασιν	pour de l'argent
ἄλλους φυγάδας κατελθεῖν,	d'autres bannis revenir.

5

διαπραξαμένου κατελθεῖν, αὐτὸν δὲ ξένον ὄντα καὶ φίλον προ-
εμένου δι᾽ ἀργυρίον. Λέγει δ᾽ οὕτως·

    Ἀλλ᾽ εἰ τύ γε Παυσανίαν, ἢ καὶ τύ γε Ξάνθιππον αἰνεῖς,
    ἢ τύ γε Λευτυχίδαν, ἐγὼ δ᾽ Ἀριστείδαν ἐπαινέω,
    ἄνδρ᾽ ἱερᾶν ἀπ᾽ Ἀθανᾶν
    ἐλθεῖν ἕνα λῷστον· ἐπεὶ Θεμιστοκλῆ᾽ ἤχθαρε Λατὼ,
    ψεύσταν, ἄδικον, προδόταν, ὃς Τιμοκρέοντα, ξεῖνον ἐόντα,
    ἀργυρίοισι σκυβαλικοῖσι πεισθεὶς, οὐ κατᾶγεν
    εἰς πατρίδα Ἰάλυσον,
    λαβὼν δὲ τρί᾽ ἀργυρίου τάλαντ᾽, ἔβα πλέων εἰς ὄλεθρον,
    τοὺς μὲν κατάγων ἀδίκως, τοὺς δ᾽ ἐκδιώκων,
    τοὺς δὲ καίνων, ἀργυρίων ὑπόπλεως,
    Ἰσθμοῖ δ᾽ ἐπανδόκευε γελοίως ψυχρὰ κρέα παρέχων·
    οἱ δ᾽ ἤσθιον, κεύχοντο μὴ ὥραν Θεμιστοκλεῦς γενέσθαι.

d'avoir fait rappeler les bannis pour de l'argent, tandis que, pour
de l'argent, il l'avait abandonné, lui, son ami et son hôte.

    Tu peux louer Pausanias,
    Et Xanthippe, et Léotychide;
    Moi je veux louer Aristide,
Le plus juste qu'ait vu la cité de Pallas.
    Mais Thémistocle, ce perfide,
Ce traître, ce menteur, d'argent toujours avide,
Latone le déteste, et c'est avec raison.
    Hôte, ami de Timocréon,
Par quelques vils deniers il s'est laissé séduire,
    Refusant de le reconduire
Des rigueurs de l'exil au toit de sa maison.
Pour trois talents d'argent, il est parti, l'infâme!
Rappelant, exilant, massacrant sans pudeur,
    Montrant à tous qu'il n'a point d'âme,
Du reste, soûl d'argent. A l'Isthme, chef sans cœur,
Il invite à dîner, il y tient table ouverte,
Mais de plats refroidis cette table est couverte,
Et chaque convié souhaite entre ses dents
Que l'hôte généreux meure avant le printemps.

προεμένου δὲ διὰ ἀργύριον	mais ayant trahi pour de l'argent
αὐτὸν ὄντα ξένον	lui étant *son* hôte
καὶ φίλον.	et *son* ami.
Λέγει δὲ οὕτως·	Or il dit ainsi :
« Ἀλλὰ εἰ τύ γε	« Eh bien si toi du moins
αἰνεῖς Παυσανίαν,	tu loues Pausanias,
ἢ καὶ τύ γε	ou encore toi du moins
Ξάνθιππον,	Xanthippe,
ἢ τύ γε Λευτυχίδαν,	ou toi du moins Léotychide,
ἐγὼ δὲ	moi d'autre-part
ἐπαινέω Ἀριστείδαν,	je loue Aristide,
ἐλθεῖν	pour être venu
ἕνα ἄνδρα λῷστον	seul homme le meilleur
ἀπὸ Ἀθανᾶν ἱερᾶν·	d'Athènes sainte ;
ἐπεὶ Λατὼ	puisque Latone
ἤχθαρε Θεμιστοκλῆα,	a haï Thémistocle,
ψεύσταν, ἄδικον,	menteur, injuste,
προδόταν,	traître,
ὃς πεισθεὶς	qui persuadé
ἀργυρίοισι σκυβαλικοῖσι,	par l'argent digne-de-mépris,
οὐ κατάγεν	n'a pas ramené
εἰς Ἰάλυσον πατρίδα	dans Ialyse *sa* patrie
Τιμοκρέοντα,	Timocréon,
ἐόντα ξεῖνον,	qui était *son* hôte,
λαβὼν δὲ	mais ayant reçu
τρία τάλαντα ἀργυρίου,	trois talents d'argent,
ἔβα	est parti
πλέων εἰς ὄλεθρον,	naviguant à *sa* perte,
κατάγων μὲν τοὺς ἀδίκως,	ramenant les uns injustement,
ἐκδιώκων δὲ τοὺς,	et chassant les autres,
καίνων δὲ τοὺς,	et tuant les autres,
ὑπόπλεως ἀργυρίων,	rempli d'argent, [monde,
Ἰσθμοῖ δὲ ἐπανδόκευε,	et à l'Isthme il recevait-tout-le-servant ridiculement
παρέχων γελοίως	
κρέα ψυχρά·	des viandes froides ;
οἱ δὲ	et ceux-ci (les convives)
ἤσθιον,	mangeaient,
καὶ εὔχοντο	et souhaitaient
ὥραν Θεμιστοκλεῦς	la saison *suivante* de Thémistocle
μὴ γενέσθαι. »	n'avoir-pas-lieu. »

Πολὺ δ' ἀσελγεστέρᾳ καὶ ἀναπεπταμένῃ μᾶλλον εἰς τὸν Θεμιστοκλέα κέχρηται βλασφημίᾳ μετὰ τὴν φυγὴν αὐτοῦ καὶ τὴν
καταδίκην ὁ Τιμοκρέων, ᾆσμα ποιήσας, οὗ ἐστιν ἀρχή·

> Μοῦσα τοῦδε τοῦ μέλεος
> κλέος ἀν' Ἑλλανας τίθει,
> ὡς ἐοικὸς καὶ δίκαιον.

Λέγεται δ' ὁ Τιμοκρέων ἐπὶ μηδισμῷ φυγεῖν, συγκαταψηφισα-
μένου τοῦ Θεμιστοκλέους. Ὡς οὖν ὁ Θεμιστοκλῆς αἰτίαν ἔσχε
μηδίζειν, ταῦτ' ἐποίησε πρὸς αὐτόν·

> Οὐκ ἄρα Τιμοκρέων
> μοῦνος, ὃς Μήδοισιν ὁρκιατομεῖ,
> ἀλλ' ἐντὶ κἄλλοι δὴ πονηροί, κοὐκ ἐγὼ μόνα κόλουρις·
> ἐντὶ καὶ ἄλλαι ἀλώπεκες.

XXII. Ἤδη δὲ καὶ τῶν πολιτῶν διὰ τὸ φθονεῖν ἡδέως τὰς
διαβολὰς προσιεμένων, ἠναγκάζετο λυπηρὸς εἶναι, τῶν αὑτοῦ
πράξεων ἐν τῷ δήμῳ πολλάκις μνημονεύων· καὶ πρὸς τοὺς
δυσχεραίνοντας· « Τί κοπιᾶτε, εἶπεν, ὑπὸ τῶν αὐτῶν πολλάκις

Il y a des brocards plus insolents et plus libres encore, que Timocréon décoche contre Thémistocle, dans une chanson faite
après le jugement qui condamnait ce dernier à l'exil. En voici
le début :

> Muse, donne à ce chant, chez les fils de la Grèce,
>   Tout l'éclat auquel il a droit.

On dit que Timocréon fut banni pour s'être mis du parti des
Mèdes et que Thémistocle vota contre lui. Aussi, quand Thémistocle fut frappé de la même peine, Timocréon fit contre lui les
vers suivants :

> Ainsi Timocréon n'est pas seul pour les Mèdes,
> Il est d'autres pervers, il est d'autres boiteux,
> Il est d'autres renards....

XXII. Déjà nombre de citoyens jaloux écoutaient volontiers ces
calomnies, et Thémistocle était forcé de les irriter davantage, en
rappelant sans cesse, dans l'assemblée du peuple, ses services et
ses exploits; puis, quand on s'impatientait : « Quoi donc, disait-il,
vous vous lassez de recevoir trop souvent les bienfaits des mêmes

'Ο δὲ Τιμοκρέων | Mais Timocréon
χέχρηται εἰς τὸν Θεμιστοχλέα | a usé envers Thémistocle
βλασφημίᾳ ἀσελγεστέρᾳ | d'injure plus insolente
χαὶ ἀναπεπταμένη μᾶλλον, | et déployée davantage,
μετὰ τὴν φυγὴν | après la fuite
χαὶ τὴν χαταδίχην αὐτοῦ, | et la condamnation de lui,
ποιήσας ᾆσμα, | ayant fait une chanson,
οὗ ἀρχή ἐστι· | dont le commencement est :
« Μοῦσα, τίθει | « Muse, établis
χλέος τοῦδε τοῦ μέλεος | la gloire de ce chant
ἀνὰ Ἕλλανας, | parmi les Grecs,
ὡς ἐοιχὸς χαὶ δίχαιον. » | comme il est raisonnable et juste.»
'Ο δὲ Τιμοκρέων | Or Timocréon
λέγεται φυγεῖν | est dit avoir été-en-exil
ἐπὶ μηδισμῷ, | pour connivence-avec-les-Mèdes,
τοῦ Θεμιστοχλέους | Thémistocle   [les autres.
συγκαταψηφισαμένου. | ayant voté-la-condamnation-avec
'Ὡς οὖν ὁ Θεμιστοχλῆς | Lors donc que Thémistocle
ἔσχεν αἰτίαν | eut accusation (fut accusé)
μηδίζειν, | d'être-du-parti-des-Mèdes,
ἐποίησε ταῦτα πρὸς αὐτόν· | il fit ces vers sur lui :
« Τιμοκρέων | « Timocréon
οὐχ ἄρα μοῦνος, | n'est donc pas le seul,
ὃς ὁρχιατομεῖ Μήδοισιν, | qui pactise avec les Mèdes,
ἀλλὰ ἐντὶ δὴ | mais il est certes
χαὶ ἄλλοι πονηροὶ, | aussi d'autres pervers,
χαὶ οὐχ ἐγὼ | et je ne suis pas
μόνα χόλουρις· | le seul renard-sans-queue;
ἐντὶ χαὶ ἄλλαι ἀλώπεχες. » | il est aussi d'autres renards. »
XXII. Ἤδη δὲ χαὶ | XXII. Et déjà aussi
τῶν πολιτῶν | les citoyens
διὰ τὸ φθονεῖν | à-cause-du être-jaloux(par jalousie)
προσιεμένων ἡδέως | accueillant avec plaisir
τὰς διαβολὰς, | les accusations,
ἠναγχάζετο εἶναι λυπηρὸς, | il était forcé d'être importun,
μνημονεύων πολλάχις | rappelant souvent
ἐν τῷ δήμῳ | devant le peuple
τῶν πράξεων αὐτοῦ· | les actions de lui-même;
χαὶ πρὸς τοὺς δυσχεραίνοντας· | et à ceux qui s'en fâchaient :
« Τί χοπιᾶτε, εἶπε, | « Pourquoi vous lassez-vous, dit-il,

εὖ πάσχοντες; » Ἠνίασε δὲ τοὺς πολλοὺς καὶ τὸ τῆς Ἀρτέμιδος
ἱερὸν εἰσάμενος, ἣν Ἀριστοβούλην μὲν προσηγόρευσεν, ὡς ἄριστα
τῇ πόλει καὶ τοῖς Ἕλλησι βουλευσάμενος· πλησίον δὲ τῆς οἰκίας
κατεσκεύασεν ἐν Μελίτῃ[1] τὸ ἱερὸν, οὗ νῦν τὰ σώματα τῶν θανα-
τουμένων οἱ δήμιοι προβάλλουσι, καὶ τὰ ἱμάτια καὶ τοὺς βρό-
χους τῶν ἀπαγχομένων καὶ καθαιρεθέντων ἐκφέρουσιν. Ἔκειτο
δὲ καὶ τοῦ Θεμιστοκλέους εἰκόνιον ἐν τῷ ναῷ τῆς Ἀριστοβούλης
ἔτι καθ᾽ ἡμᾶς· καὶ φαίνεταί τις οὐ τὴν ψυχὴν μόνην, ἀλλὰ καὶ
τὴν ὄψιν ἡρωϊκὸς γενόμενος. Τὸν μὲν οὖν ἐξοστρακισμὸν ἐποιή-
σαντο κατ᾽ αὐτοῦ, καθαιροῦντες τὸ ἀξίωμα καὶ τὴν ὑπεροχὴν,
ὥσπερ εἰώθεσαν ἐπὶ πάντων, οὓς ᾤοντο τῇ δυνάμει βαρεῖς καὶ
πρὸς ἰσότητα δημοκρατικὴν ἀσυμμέτρους εἶναι. Κόλασις γὰρ

hommes? » Mais il offensa surtout la multitude en élevant un
temple à Diane, qu'il appela Aristobule, comme ayant donné à la
ville et aux Grecs les meilleurs conseils. Il fit construire ce temple
près de sa maison, dans le quartier de Mélite, où les bourreaux
jettent, de nos jours, les corps des suppliciés, et apportent les
habits, ainsi que les cordes, de ceux qui ont été étranglés et mis
mort. Il y avait encore de notre temps dans le temple de Diane
Aristobule une statuette de Thémistocle; et, à en juger par cette
image, ce n'était pas seulement l'âme, mais la physionomie qu'il
avait héroïque. Les Athéniens le bannirent donc par l'ostracisme
pour rabattre cet excès d'autorité et d'influence, ainsi qu'ils avaient
coutume de traiter tous ceux dont la puissance leur semblait trop
grande, trop pesante, et hors de proportion avec l'égalité démo-

πάσχοντες εὖ	éprouvant bien (d'être obligés)
πολλάκις	souvent
ὑπὸ τῶν αὐτῶν; »	par les mêmes *hommes?* »
Ἡνίασε δὲ τοὺς πολλοὺς	Et il affligea la multitude
καὶ εἰσάμενος	aussi ayant fondé
τὸ ἱερὸν τῆς Ἀρτέμιδος,	le temple de Diane,
ἣν προσηγόρευσε μὲν	qu'il appela
Ἀριστοβούλην,	la meilleure-conseillère,
ὡς βουλευσάμενος	comme *lui-même* ayant pris-conseil
μάλιστα	le mieux
τῇ πόλει καὶ τοῖς Ἕλλησι·	pour la ville et pour les Grecs;
πλησίον δὲ τῆς οἰκίας	et près de sa maison
κατεσκεύασεν ἐν Μελίτῃ	il bâtit dans Mélité
τὸ ἱερόν,	le temple,
οὗ νῦν οἱ δήμιοι	où maintenant les bourreaux
προβάλλουσι τὰ σώματα	jettent les corps
τῶν θανατουμένων,	des suppliciés,
καὶ ἐκφέρουσι τὰ ἱμάτια	et emportent les vêtements
καὶ τοὺς βρόχους	et les lacets
τῶν ἀπαγχομένων	de ceux qui sont pendus
καὶ καθαιρεθέντων.	et ont été tués.
Εἰκόνων δὲ καὶ	Et un portrait aussi
τοῦ Θεμιστοκλέους	de Thémistocle
ἔκειτο ἐν τῷ ναῷ	était dans le temple
τῆς Ἀριστοβούλης	de la meilleure-conseillère
ἔτι κατὰ ἡμᾶς·	encore du temps de nous;
καὶ φαίνεται	et il paraît
γενόμενός τις	ayant (avoir) été quelqu'un
ἡρωϊκός	d'héroïque
οὐ τὴν ψυχὴν μόνην,	non dans l'âme seule,
ἀλλὰ καὶ τὴν ὄψιν.	mais aussi dans l'extérieur.
Ἐποιήσαντο μὲν οὖν	Ils exercèrent donc
τὸν ἐξοστρακισμὸν κατὰ αὐτοῦ,	l'ostracisme contre lui,
καθαιροῦντες τὸ ἀξίωμα	rabaissant la dignité
καὶ τὴν ὑπεροχήν,	et la supériorité,
ὥσπερ εἰώθεσαν	comme ils avaient-coutume
ἐπὶ πάντων,	contre tous *ceux*
οὓς ᾤοντο	qu'ils croyaient
εἶναι βαρεῖς τῇ δυνάμει	être pesants par la puissance
καὶ ἀσυμμέτρους·	et non-proportionnés

οὐχ ἦν ἐξοστρακισμός, ἀλλὰ παραμυθία φθόνου καὶ κουφισμός,
ἡδομένου τῷ ταπεινοῦν τοὺς ὑπερέχοντας, καὶ τὴν δυσμένειαν
εἰς ταύτην τὴν ἀτιμίαν ἀποπνέοντος.

XXIII. Ἐκπεσόντος δὲ τῆς πόλεως αὐτοῦ καὶ διατρίβοντος ἐν
Ἄργει, τὰ περὶ Παυσανίαν συμπεσόντα[1] κατ᾽ ἐκείνου παρέσχε
τοῖς ἐχθροῖς ἀφορμάς. Ὁ δὲ γραψάμενος αὐτὸν προδοσίας Λεωβότης ἦν Ἀλκμαίωνος, Ἀγραύληθεν, ἅμα συνεπαιτιωμένων τῶν
Σπαρτιατῶν. Ὁ γὰρ Παυσανίας, πράττων ἐκεῖνα δὴ τὰ περὶ
τὴν προδοσίαν, πρότερον μὲν ἀπεκρύπτετο τὸν Θεμιστοκλέα,
καίπερ ὄντα φίλον· ὡς δ᾽ εἶδεν ἐκπεπτωκότα τῆς πολιτείας καὶ
φέροντα χαλεπῶς, ἐθάρσησεν ἐπὶ τὴν κοινωνίαν τῶν πραττομένων παρακαλεῖν, τὰ γράμματα τοῦ βασιλέως ἐπιδεικνύμενος
αὐτῷ, καὶ παροξύνων ἐπὶ τοὺς Ἕλληνας, ὡς πονηροὺς καὶ
ἀχαρίστους. Ὁ δὲ τὴν μὲν δέησιν ἀπετρίψατο τοῦ Παυσανίου,

cratique. En effet, ce ban n'était pas une punition, mais un adoucissement et un soulagement à l'envie, qui se plaisait à rabaisser
ceux qui étaient trop élevés et qui exhalait sa colère en leur in-
fligeant cette humiliation.

XXIII. Banni d'Athènes, Thémistocle vivait à Argos, lorsque la
découverte de la trahison de Pausanias fournit à ses ennemis des
prétextes d'accusation contre lui. Léobotès, fils d'Alcméon, du
dème d'Agraule, le dénonça comme traître, et les Spartiates ap-
puyèrent sa dénonciation. Pausanias, au moment où il tramait sa
trahison, s'était d'abord caché de Thémistocle, bien qu'il fût son
ami. Mais le voyant tombé du pouvoir et aigri de sa chute, il se
hasarde à lui en faire part et le sollicite d'entrer dans le complot.
Il lui fait voir les lettres du roi et cherche à l'irriter contre les
Grecs en les lui montrant pervers et ingrats. Thémistocle rejette
bien loin la proposition de Pausanias, et se défend de toute com-

πρὸς ἰσότητα δημοκρατικήν. à l'égalité démocratique.
Ὁ γὰρ ἐξοστρακισμὸς Car l'ostracisme
οὐκ ἦν κόλασις, n'était pas un châtiment,
ἀλλὰ παραμυθία mais une consolation
καὶ κουρισμὸς φθόνου, et un adoucissement de l'envie,
ἡδομένου τῷ ταπεινοῦν qui se plaît à humilier   [tres,
τοὺς ὑπερέχοντας, ceux qui s'élèvent-au-dessus des au-
καὶ ἀποπνέοντος τὴν δυσμένειαν et qui exhale son inimitié
εἰς ταύτην τὴν ἀτιμίαν. dans cette dégradation.
   XXIII. Αὐτοῦ δὲ   XXIII. Mais lui
ἐκπεσόντος τῆς πόλεως ayant été banni de la ville
καὶ διατρίβοντος ἐν Ἄργει, et passant le temps à Argos,
τὰ συμπεσόντα les choses arrivées
περὶ Παυσανίαν au-sujet-de Pausanias
παρέσχε τοῖς ἐχθροῖς offrirent à ses ennemis
ἀφορμὰς κατὰ ἐκείνου. des points-de-départ contre lui.
Ὁ δὲ γραψάμενος αὐτὸν Et celui qui accusa lui
προδοσίας de trahison
ἦν Λεωβότης Ἀλκμαίωνος, était Léobotès fils d'Alcméon,
Ἀγραύληθεν, d'Agraule,
τῶν Σπαρτιατῶν les Spartiates
συνεπαιτιωμένων ἅμα. accusant-avec lui en-même temps.
Ὁ γὰρ Παυσανίας, Car Pausanias,
πράττων ἐκεῖνα δὴ pratiquant ces menées donc
τὰ περὶ τὴν προδοσίαν, celles concernant la trahison,
πρότερον μὲν précédemment
ἀπεκρύπτετο τὸν Θεμιστοκλέα, se cachait de Thémistocle,
καίπερ ὄντα φίλον· quoique étant son ami ;
ὡς δὲ εἶδεν mais dès qu'il l'eut vu
ἐκπεπτωκότα τῆς πολιτείας déchu du gouvernement
καὶ φέροντα χαλεπῶς, et supportant cela avec-peine,
ἐθάρσησε il prit-confiance
παρακαλεῖν ἐπὶ τὴν κοινωνίαν de l'appeler à la participation
τῶν πραττομένων, des choses qui se tramaient,
ἐπιδεικνύμενος αὐτῷ montrant à lui
τὰ γράμματα τοῦ βασιλέως, les lettres du roi,
καὶ παροξύνων et l'irritant
ἐπὶ τοὺς Ἕλληνας, contre les Grecs,
ὡς πονηροὺς καὶ ἀχαρίστους. comme étant pervers et ingrats.
Ὁ δὲ ἀπετρίψατο μὲν Mais celui-ci à-la-vérité repoussa

καὶ τὴν κοινωνίαν ὅλως ἀπείπατο, πρὸς οὐδένα δὲ τοὺς λόγους
ἐξήνεγκεν, οὐδὲ κατεμήνυσε τὴν πρᾶξιν, εἴτε παύσεσθαι προσδοκῶν αὐτὸν, εἴτ' ἄλλως καταφανῆ γενήσεσθαι, σὺν οὐδενὶ
λογισμῷ πραγμάτων ἀτόπων καὶ παραβόλων ὀρεγόμενον. Οὕτω
δὴ τοῦ Παυσανίου θανατωθέντος, ἐπιστολαί τινες ἀνευρεθεῖσαι
καὶ γράμματα περὶ τούτων, εἰς ὑποψίαν ἐνέβαλον τὸν Θεμιστο-
κλέα· καὶ κατεβόων μὲν αὐτοῦ Λακεδαιμόνιοι, κατηγόρουν δ' οἱ
φθονοῦντες τῶν πολιτῶν οὐ παρόντος, ἀλλὰ διὰ γραμμάτων ἀπο-
λογουμένου μάλιστα ταῖς προτέραις κατηγορίαις. Διαβαλλόμε-
νος γὰρ ὑπὸ τῶν ἐχθρῶν, πρὸς τοὺς πολίτας ἔγραφεν, ὡς ἄρχειν
μὲν ἀεὶ ζητῶν, ἄρχεσθαι δὲ μὴ πεφυκὼς, μηδὲ βουλόμενος οὐκ
ἄν ποτε βαρβάροις καὶ πολεμίοις αὐτὸν ἀποδόσθαι μετὰ τῆς Ἑλλάδος. Οὐ μὴν ἀλλὰ συμπεισθεὶς ὑπὸ τῶν κατηγορούντων ὁ δῆ-

plicité avec lui. Mais il ne dit mot à personne de ses projets et se
garde bien de les révéler : soit espoir qu'il y renoncerait de lui-
même, soit que le hasard ou toute autre circonstance mettrait à
découvert cet acte aussi étrangement absurde que follement tenté.
Quand Pausanias eut été mis à mort, on trouva chez lui quelques
lettres et d'autres écrits, qui firent soupçonner Thémistocle. Les
Lacédémoniens se déchaînèrent contre lui, et ses envieux d'Athènes
lui intentèrent une accusation malgré son absence; mais il réfuta
par lettres ces calomnies, et particulièrement les premières. Déchiré
par ses ennemis, il écrivit à ses concitoyens, qu'ayant toujours
cherché à commander, parce qu'il ne se sentait point né pour
obéir, il n'aurait jamais voulu se livrer lui-même, avec toute la
Grèce, à des barbares, à des ennemis. Malgré cela le peuple, ga-

τὴν δέησιν τοῦ Παυσανίου,	la prière de Pausanias,
καὶ ἀπείπατο ὅλως	et refusa absolument
τὴν κοινωνίαν,	la participation,
ἐξήνεγκε δὲ τοὺς λόγους	mais *ne* révéla les discours
πρὸς οὐδένα,	à personne,
οὐδὲ κατεμήνυσε τὴν πρᾶξιν,	et ne dénonça pas la chose,
προσδοκῶν	s'attendant à *ceci*
εἴτε αὐτὸν παύσεσθαι,	soit lui devoir cesser,
εἴτε γενήσεσθαι καταφανῆ	soit devoir être découvert
ἄλλως,	autrement,
ὀρεγόμενον σὺν οὐδενὶ λογισμῷ	visant avec aucune raison
πραγμάτων ἀτόπων	à des choses absurdes
καὶ παραβόλων.	et extravagantes.
Οὕτω δὴ τοῦ Παυσανίου	Ainsi donc Pausanias
θανατωθέντος,	ayant été mis-à-mort,
τινὲς ἐπιστολαὶ ἀνευρεθεῖσαι	certaines lettres découvertes
καὶ γράμματα περὶ τούτων	et *certains* écrits sur ces choses
ἐνέβαλον τὸν Θεμιστοκλέα	mirent Thémistocle
εἰς ὑποψίαν·	en soupçon;
καὶ Λακεδαιμόνιοι μὲν	et les Lacédémoniens
κατεβόων αὐτοῦ,	criaient-contre lui,
οἱ δὲ φθονοῦντες	et ceux qui *l*'enviaient
τῶν πολιτῶν	des citoyens
κατηγόρουν οὐ παρόντος,	accusaient *lui* non présent,
ἀλλὰ ἀπολογουμένου	mais se justifiant
διὰ γραμμάτων	par des lettres
μάλιστα	surtout
ταῖς προτέραις κατηγορίαις.	sur les précédentes accusations.
Διαβαλλόμενος γὰρ	Car étant calomnié
ὑπὸ τῶν ἐχθρῶν,	par ses ennemis,
ἔγραφε πρὸς τοὺς πολίτας,	il écrivait aux citoyens,
ὡς ζητῶν μὲν ἀεὶ	comme cherchant toujours
ἄρχειν,	à commander,
μὴ πεφυκὼς δὲ	mais n'étant pas né
ἄρχεσθαι,	pour être commandé,
μηδὲ βουλόμενος οὐκ ἄν ποτε	et ne pouvant vouloir jamais
ἀποδόσθαι αὐτὸν	livrer lui-même
μετὰ τῆς Ἑλλάδος	avec la Grèce
βαρβάροις καὶ πολεμίοις.	à des barbares et ennemis.
Οὐ μὴν ἀλλὰ ὁ δῆμος	Toutefois le peuple

μος, ἔπεμψεν ἄνδρας, οἷς εἴρητο συλλαμβάνειν καὶ ἄγειν κρι-
θησόμενον αὐτὸν ἐν τοῖς ῞Ελλησιν.

XXIV. Προαισθόμενος δ᾽ ἐκεῖνος εἰς Κέρκυραν [1] διεπέρασεν,
οὔσης αὐτῷ πρὸς τὴν πόλιν εὐεργεσίας. Γενόμενος γὰρ αὐτῶν
κριτὴς πρὸς Κορινθίους ἐχόντων διαφορὰν, ἔλυσε τὴν ἔχθραν,
εἴκοσι τάλαντα [2] κρίνας τοὺς Κορινθίους καταβαλεῖν, καὶ Λευκάδα [8] κοινῇ νέμειν, ἀμφοτέρων ἄποικον. Ἐκεῖθεν δ᾽ εἰς ῎Ηπειρον
ἔφυγε· καὶ διωκόμενος ὑπὸ τῶν Ἀθηναίων καὶ Λακεδαιμονίων,
ἔρριψεν αὐτὸν εἰς ἐλπίδας χαλεπὰς καὶ ἀπόρους, καταφυγὼν
πρὸς ῎Αδμητον, ὃς βασιλεὺς μὲν ἦν Μολοττῶν [4], δεηθεὶς δέ τι
τῶν Ἀθηναίων, καὶ προπηλακισθεὶς ὑπὸ τοῦ Θεμιστοκλέους, ὅτ᾽
ἤκμαζεν ἐν τῇ πολιτείᾳ, δι᾽ ὀργῆς εἶχεν αὐτὸν ἀεὶ, καὶ δῆλος
ἦν, εἰ λάβοι, τιμωρησόμενος. Ἐν δὲ τῇ τότε φυγῇ μᾶλλον ὁ

gné par les accusateurs, envoya des gens à Argos avec ordre de
l'arrêter et de l'amener à Athènes, pour y être jugé par le conseil
des Grecs.

XXIV. Thémistocle, qui l'avait pressenti, s'enfuit à Corcyre, ville
à laquelle il avait jadis rendu service. Nommé juge d'un différend
qu'ils avaient avec les Corinthiens, il avait terminé la querelle,
en condamnant les Corinthiens à payer vingt talents, et en déci-
dant que Corcyre et Corinthe posséderaient en commun Leucade,
colonie de ces deux villes. De là, il s'enfuit en Épire; et se voyant
poursuivi par les Athéniens et les Lacédémoniens, il se jeta dans
l'espérance, aussi folle que périlleuse, de trouver un refuge chez
Admète, roi des Molosses. Admète avait autrefois demandé je ne
sais quel service aux Athéniens, et Thémistocle, qui jouissait alors
d'un grand crédit dans la république, l'avait fait honteusement
repousser. Admète en conservait du ressentiment, et l'on ne pouvait
douter que, le cas échéant, il ne cherchât à se venger. Mais alors,

συμπεισθεὶς	ayant été persuadé
ὑπὸ τῶν κατηγορούντων,	par ceux qui accusaient,
ἔπεμψεν ἄνδρας,	envoya des hommes,
οἷς εἴρητο	auxquels il avait été dit
συλλαμβάνειν καὶ ἄγειν	de saisir et d'amener
αὐτὸν κριθησόμενον	lui devant être jugé
ἐν τοῖς Ἕλλησιν.	devant les Grecs.
XXIV. Ἐκεῖνος δὲ	XXIV. Mais celui-là
προαισθόμενος	l'ayant pressenti
διεπέρασεν εἰς Κέρκυραν,	passa à Corcyre,
εὐεργεσίας οὔσης αὐτῷ	un bienfait étant à lui
πρὸς τὴν πόλιν.	envers la ville.
Γενόμενος γὰρ κριτὴς	Car ayant été juge
αὐτῶν ἐχόντων διαφορὰν	d'eux ayant un différend
πρὸς Κορινθίους,	avec les Corinthiens,
ἔλυσε τὴν ἔχθραν,	il fit-cesser l'inimitié,
κρίνας τοὺς Κορινθίους	ayant jugé les Corinthiens
καταβαλεῖν εἴκοσι τάλαντα,	payer vingt talents,
καὶ νέμειν κοινῇ Λευκάδα,	et posséder en commun Leucade,
ἄποικον ἀμφοτέρων.	colonie des uns et des autres.
Ἐκεῖθεν δὲ	Et de là
ἔφυγεν εἰς Ἤπειρον·	il s'enfuit en Épire;
καὶ διωκόμενος	et étant poursuivi
ὑπὸ τῶν Ἀθηναίων	par les Athéniens
καὶ Λακεδαιμονίων,	et les Lacédémoniens,
ἔῤῥιψεν αὐτὸν	il jeta lui-même
εἰς ἐλπίδας χαλεπὰς	dans des espérances difficiles
καὶ ἀπόρους,	et impraticables,
καταφυγὼν πρὸς Ἄδμητον,	s'étant réfugié auprès d'Admète,
ὃς ἦν μὲν βασιλεὺς Μολοττῶν,	qui était roi des Molosses,
δεηθεὶς δέ τι	et ayant demandé quelque chose
τῶν Ἀθηναίων,	aux Athéniens, [ment
καὶ προπηλακισθεὶς	et ayant été repoussé-outrageuse-
ὑπὸ τοῦ Θεμιστοκλέους,	par Thémistocle,
ὅτε ἤκμαζεν	lorsqu'il était florissant
ἐν τῇ πολιτείᾳ,	dans le gouvernement,
εἶχεν ἀεὶ αὐτὸν	avait (regardait) toujours lui
διὰ ὀργῆς,	avec colère,
καὶ ἦν δῆλος τιμωρησόμενος,	et était évident devant le punir,
εἰ λάβοι.	s'il le prenait.

Θεμιστοκλῆς φοβηθεὶς συγγενῆ καὶ πρόσφατον φθόνον ὀργῆς

παλαιᾶς καὶ βασιλικῆς, ταύτῃ φέρων ὑπέθηκεν ἑαυτὸν, ἱκέτης

τοῦ Ἀδμήτου καταστὰς ἴδιόν τινα καὶ παρηλλαγμένον τρόπον.

Ἔχων γὰρ αὐτοῦ τὸν υἱὸν, ὄντα παῖδα, πρὸς τὴν ἑστίαν προσ-

έπεσε, ταύτην μεγίστην καὶ μόνην σχεδὸν ἀναντίρρητον ἡγου-

μένων ἱκεσίαν τῶν Μολοσσῶν. Ἔνιοι μὲν οὖν Φθίαν τὴν γυ-

ναῖκα τοῦ βασιλέως λέγουσιν ὑποθέσθαι τῷ Θεμιστοκλεῖ τὸ

ἱκέτευμα τοῦτο, καὶ τὸν υἱὸν ἐπὶ τὴν ἑστίαν καθίσαι μετ'

αὐτοῦ· τινὲς δ' αὐτὸν τὸν Ἄδμητον, ὡς ἀφοσιώσαιτο πρὸς τοὺς

διώκοντας τὴν ἀνάγκην, δι' ἣν οὐκ ἐκδίδωσι τὸν ἄνδρα, δια-

θεῖναι καὶ συντραγῳδῆσαι τὴν ἱκεσίαν. Ἐκεῖ δ' αὐτῷ τὴν γυ-

ναῖκα καὶ τοὺς παῖδας ἐκκλέψας ἐκ τῶν Ἀθηνῶν Ἐπικράτης ὁ

dans son exil, Thémistocle redoutait bien plus une jalousie natio-
nale et récente, qu'une inimitié royale et ancienne. Il préfère se
livrer à Admète; il vient à lui en suppliant, mais d'une façon particulière et étrange. Il prend entre ses bras le fils du roi, encore
enfant, et se jette à genoux devant le foyer; supplication que les
Molosses regardent comme la plus sacrée, la seule qu'on ne puisse
rejeter. Ce fut Phthia, femme du roi, qui, suivant quelques-uns,
suggéra à Thémistocle ce mode de prière et qui le plaça elle-même
devant le foyer avec son fils. Selon d'autres, Admète lui-même,
pour s'excuser sur une obligation religieuse de ne pouvoir livrer
Thémistocle à ceux qui le poursuivaient, avait imaginé ce moyen
et ménagé ce coup de théâtre. Il était chez Admète lorsque sa
femme et ses enfants, emmenés secrètement hors d'Athènes par
Épicrate d'Acharné, lui furent envoyés par mer; fait pour lequel

Ἐν δὲ τῇ φυγῇ τότε	Mais dans la fuite alors
ὁ Θεμιστοκλῆς	Thémistocle [citoyens
φοβηθεὶς φθόνον συγγενῆ	ayant craint une jalousie des-con-
καὶ πρόσφατον	et récente
μᾶλλον ὀργῆς παλαιᾶς	plus qu'une colère ancienne
καὶ βασιλικῆς,	et royale,
ὑπέθηκεν ἑαυτὸν ταύτην	exposa lui-même à celle-ci
φέρων,	se portant (de plein gré),
καταστὰς ἱκέτης Ἀδμήτου	s'étant établi suppliant d'Admète
τινὰ τρόπον ἴδιον	d'une certaine façon particulière
καὶ παρηλλαγμένον.	et étrange.
Ἔχων γὰρ τὸν υἱὸν αὐτοῦ,	Car ayant le fils de lui,
ὄντα παῖδα,	qui était enfant,
προσέπεσε πρὸς τὴν ἑστίαν,	il se prosterna auprès du foyer,
τῶν Μολοσσῶν	les Molosses
ἡγουμένων ταύτην ἱκεσίαν	estimant cette manière-de-supplier
μεγίστην	la plus grande [refuser.
καὶ μόνην σχεδὸν ἀναντίρρητον.	et la seule presque impossible-à-
Ἔνιοι μὲν οὖν λέγουσι	Quelques-uns donc disent
Φθίαν	Phthia
τὴν γυναῖκα τοῦ βασιλέως	la femme du roi
ὑποθέσθαι τῷ Θεμιστοκλεῖ	avoir suggéré à Thémistocle
τοῦτο τὸ ἱκέτευμα,	ce genre-de-supplication,
καὶ καθίσαι τὸν υἱὸν	et avoir fait-asseoir son fils
ἐπὶ τὴν ἑστίαν μετὰ αὐτοῦ·	au foyer avec lui;
τινὲς δὲ	mais quelques-uns disent
τὸν Ἄδμητον αὐτὸν,	Admète lui-même,
ὡς ἀφοσιώσαιτο	afin qu'il prétextât
πρὸς τοὺς διώκοντας	vis-à-vis ceux qui poursuivaient
τὴν ἀνάγκην	la nécessité
διὰ ἣν	pour laquelle
οὐκ ἐκδίδωσι τὸν ἄνδρα,	il ne livre pas l'homme,
διαθεῖναι	avoir disposé
καὶ συντραγῳδῆσαι	et avoir arrangé-théâtralement
τὴν ἱκεσίαν.	la manière-de-supplier.
Ἐπικράτης δὲ ὁ Ἀχαρνεὺς	Mais Épicrate d'-Acharné
ἐκκλέψας	ayant emmené-secrètement
ἐκ τῶν Ἀθηνῶν	d'Athènes
τὴν γυναῖκα καὶ τοὺς παῖδας	la femme et les enfants
ἀπέστειλεν αὐτῷ ἐκεῖ,	les envoya à lui là;

Ἀχαρνεὺς ἀπέστειλεν, ὃν ἐπὶ τούτῳ Κίμων ὕστερον κρίνας
ἐθανάτωσεν, ὡς ἱστορεῖ Στησίμβροτος. Εἶτ᾽ οὐκ οἶδ᾽ ὅπως ἐπι-
λαθόμενος τούτων, ἢ τὸν Θεμιστοκλέα ποιῶν ἐπιλαθόμενον,
πλεῦσαί φησιν εἰς Σικελίαν, καὶ παρ᾽ Ἱέρωνος αἰτεῖν τοῦ τυράννου τὴν θυγατέρα πρὸς γάμον, ὑπισχνούμενον αὐτῷ τοὺς
Ἕλληνας ὑπηκόους ποιήσειν· ἀποστρεψαμένου δὲ τοῦ Ἱέρωνος,
οὕτως εἰς τὴν Ἀσίαν ἀπᾶραι.

XXV. Ταῦτα δ᾽ οὐκ εἰκός ἐστιν οὕτω γενέσθαι. Θεόφραστος
γὰρ ἐν τοῖς Περὶ βασιλείας ἱστορεῖ τὸν Θεμιστοκλέα, πέμψαντος
εἰς Ὀλυμπίαν Ἱέρωνος ἵππους ἀγωνιστάς, καὶ σκηνήν τινα κα-
τεσκευασμένην πολυτελῶς στήσαντος, εἰπεῖν ἐν τοῖς Ἕλλησι
λόγον, ὡς χρὴ τὴν σκηνὴν διαρπάσαι τοῦ τυράννου, καὶ κωλῦσαι
τοὺς ἵππους ἀγωνίσασθαι. Θουκυδίδης δέ φησι καὶ πλεῦσαι αὐτόν, ἐπὶ τὴν ἑτέραν καταβάντα θάλασσαν, ἀπὸ Πύδνης[1], οὐδενὸς

Cimon cita ce dernier en justice et le fit condamner à mort, au
dire de Stésimbrote. Mais Stésimbrote, oubliant, je ne sais comment, ces circonstances, ou les faisant oublier à Thémistocle, raconte que Thémistocle fit voile pour la Sicile; que là, il demanda
la main de la fille du tyran Hiéron, lui promettant de ranger les
Grecs sous sa loi, et que, sur le refus de celui-ci, il s'embarqua
pour l'Asie.

XXV. Il n'est pas possible qu'il en soit ainsi. En effet, Théophraste,
dans son livre sur la Royauté, dit que Thémistocle, à l'époque où
Hiéron avait envoyé des chevaux pour lutter à Olympie, et fait
dresser un pavillon orné avec la plus grande magnificence, pro-
posa dans l'assemblée des Grecs d'arracher le pavillon du tyran
et d'empêcher les chevaux d'entrer en lice. Thucydide rapporte
que Thémistocle gagna l'autre mer et s'embarqua à Pydna. Per-

ὃν Κίμων	*Épicrate* que Cimon
κρίνας ὕστερον	ayant mis-en-jugement plus tard
ἐπὶ τούτῳ	pour ce *fait*
ἐθανάτωσεν,	fit-mettre-à-mort,
ὡς ἱστορεῖ Στησίμβροτος·	comme raconte Stésimbrote.
Εἶτα οὐκ οἶδα ὅπως	Ensuite je ne sais comment
ἐπιλαθόμενος τούτων,	ayant oublié ceux-ci,
ἢ ποιῶν Θεμιστοκλέα	ou faisant Thémistocle
ἐπιλαθόμενον,	*les* ayant oubliés,
φησὶ πλεῦσαι	il dit *lui* avoir fait-voile
εἰς Σικελίαν,	pour la Sicile,
καὶ αἰτεῖν	et demander
παρὰ Ἱέρωνος τοῦ τυράννου	à Hiéron le tyran
τὴν θυγατέρα πρὸς γάμον,	sa fille en mariage,
ὑπισχνούμενον	promettant
ποιήσειν τοὺς Ἕλληνας	de faire les Grecs
ὑπηκόους αὐτῷ·	soumis à lui;
τοῦ δὲ Ἱέρωνος	mais Hiéron
ἀποστρεψαμένου,	s'étant détourné (ayant refusé),
οὕτως	ainsi *Thémistocle*
ἀπᾶραι εἰς τὴν Ἀσίαν.	avoir mis-à-la-voile pour l'Asie.
XXV. Οὐκ ἔστι δὲ εἰκὸς	XXV. Mais il n'est pas vraisem-
ταῦτα	ces choses [blable
γενέσθαι οὕτω·	avoir eu-lieu ainsi.
Θεόφραστος γὰρ ἱστορεῖ	Théophraste en effet raconte
ἐν τοῖς Περὶ βασιλείας	dans ses *écrits* Sur la royauté
τὸν Θεμιστοκλέα,	Thémistocle,
Ἱέρωνος	Hiéron
πέμψαντος εἰς Ὀλυμπίαν	ayant envoyé à Olympie
ἵππους ἀγωνιστὰς,	des chevaux de-lutte,
καὶ στήσαντός τινα σκηνὴν	et ayant dressé un pavillon
κατεσκευασμένην πολυτελῶς,	arrangé somptueusement,
εἰπεῖν λόγον	avoir dit un discours
ἐν τοῖς Ἕλλησιν,	devant les Grecs,
ὡς χρὴ διαρπάσαι	qu'il faut arracher
τὴν σκηνὴν τοῦ τυράννου,	le pavillon du tyran,
καὶ κωλῦσαι τοὺς ἵππους	et empêcher les chevaux
ἀγωνίσασθαι.	de lutter.
Θουκυδίδης δέ φησι	Mais Thucydide dit
καὶ αὐτὸν πλεῦσαι ἀπὸ Πύδνης,	aussi lui avoir fait-voile de Pydna,

εἰδότος ὅστις εἴη τῶν πλεόντων, μέχρις οὗ πνεύματι τῆς ὁλκάδος

εἰς Νάξον[1] καταφερομένης, ὑπ' Ἀθηναίων πολιορκουμένην τότε,

φοβηθεὶς ἀναδείξειεν ἑαυτὸν τῷ τε ναυκλήρῳ καὶ τῷ κυβερνήτῃ,

καὶ τὰ μὲν δεόμενος, τὰ δ' ἀπειλῶν, καὶ λέγων ὅτι κατηγορή-

σοι καὶ καταψεύσοιτο πρὸς τοὺς Ἀθηναίους, ὡς οὐκ ἀγνοοῦντες,

ἀλλὰ χρήμασι πεισθέντες ἐξ ἀρχῆς, ἀναλάβοιεν αὐτὸν, οὕτως

ἀναγκάσειε παραπλεῦσαι καὶ λαβέσθαι τῆς Ἀσίας. Τῶν δὲ

χρημάτων αὐτῷ πολλὰ μὲν ὑπεκκλαπέντα διὰ τῶν φίλων εἰς

Ἀσίαν ἔπλει· τῶν δὲ φανερῶν γενομένων καὶ συναχθέντων εἰς

τὸ δημόσιον, Θεόπομπος μὲν ἑκατὸν τάλαντα, Θεόφραστος

δ' ὀγδοήκοντά[2] φησι γενέσθαι τὸ πλῆθος, οὐδὲ τριῶν ἄξια

ταλάντων[3] κεκτημένου τοῦ Θεμιστοκλέους, πρὶν ἅπτεσθαι τῆς

πολιτείας.

sonne sur le vaisseau ne savait qui il était, jusqu'au moment où le
vent ayant emporté le vaisseau vers Naxos, dont les Athéniens
faisaient alors le siége, il se découvrit au patron et au pilote. Moitié prières, moitié menaces, en leur déclarant qu'il les accuserait,
dût-il mentir, auprès des Athéniens de l'avoir reçu à bord, non
point à leur insu, mais gagnés à prix d'argent, il les contrai-
gnit à passer outre et cingler vers l'Asie. Quant à ses biens, ses
amis lui en envoyèrent en Asie une portion considérable qu'ils
avaient détournée; tout ce qui resta à découvert fut porté au trésor
public. Théopompe en évalue la somme à cent talents, et Théophraste à quatre-vingts. Or, toute la fortune de Thémistocle,
quand il mit la main aux affaires, ne montait pas à trois talents.

καταβάντα	étant descendu
ἐπὶ τὴν ἑτέραν θάλασσαν,	vers l'autre mer,
οὐδενὸς τῶν πλεόντων	aucun de ceux qui naviguaient
εἰδότος ὅστις εἴη,	ne sachant qui il était,
μέχρις οὗ τῆς ὁλκάδος	jusqu'à ce que le vaisseau
καταφερομένης πνεύματι	étant porté par le vent
εἰς Νάξον,	vers Naxos,
πολιορκουμένην τότε	assiégée alors
ὑπὸ Ἀθηναίων,	par les Athéniens,
φοβηθεὶς	ayant craint
ἀναδείξειεν ἑαυτὸν	il découvrit lui-même
τῷ τε ναυκλήρῳ	et au patron
καὶ τῷ κυβερνήτῃ,	et au pilote,
καὶ τὰ μὲν δεόμενος,	et partie priant,
τὰ δὲ ἀπειλῶν,	partie menaçant,
καὶ λέγων ὅτι κατηγορήσοι	et disant qu'il les accuserait
καὶ καταψεύσοιτο	et dirait-mensongèrement
πρὸς τοὺς Ἀθηναίους,	aux Athéniens,
ὡς οὐκ ἀγνοοῦντες,	que n'ignorant pas qui il était,
ἀλλὰ πεισθέντες χρήμασιν	mais persuadés par de l'argent
ἐξ ἀρχῆς,	dès le principe,
ἀναλάβοιεν αὐτὸν,	ils avaient reçu lui,
οὕτως ἀναγκάσειε	ainsi il les força
παραπλεῦσαι	à naviguer au delà
καὶ λαβέσθαι τῆς Ἀσίας.	et atteindre l'Asie.
Πολλὰ μὲν δὲ	Et beaucoup
τῶν χρημάτων	de ses biens
ὑπεκκλαπέντα διὰ τῶν φίλων	ayant été détournés par ses amis
ἔπλει αὐτῷ εἰς Ἀσίαν·	naviguaient à lui vers l'Asie ;
τῶν δὲ γενομένων φανερῶν	mais de ceux ayant été découverts
καὶ συναχθέντων	et ayant été réunis
εἰς τὸ δημόσιον,	au trésor-public,
Θεόπομπος μέν φησι τὸ πλῆθος	Théopompe dit la quantité
γενέσθαι ἑκατὸν τάλαντα,	avoir été cent talents,
Θεόφραστος δὲ ὀγδοήκοντα,	et Théophraste quatre-vingts,
τοῦ Θεμιστοκλέους	Thémistocle
κεκτημένου	possédant des biens
οὐδὲ ἄξια	pas même de-la-valeur
τριῶν ταλάντων,	de trois talents,
πρὶν ἅπτεσθαι τῆς πολιτείας.	avant de toucher au gouvernement.

XXVI. Ἐπεὶ δὲ κατέπλευσεν εἰς Κύμην [1], καὶ πολλοὺς ᾔσθετο τῶν ἐπὶ θαλάττῃ παραφυλάττοντας αὐτὸν λαβεῖν, μάλιστα δὲ τοὺς περὶ Ἐργοτέλη καὶ Πυθόδωρον [2] (ἦν γὰρ ἡ θήρα λυσιτελὴς τοῖς τὸ κερδαίνειν ἀπὸ παντὸς ἀγαπῶσι, διακοσίων ἐπικεκηρυγμένων αὐτῷ ταλάντων [3] ὑπὸ τοῦ βασιλέως), ἔφυγεν εἰς Αἰγὰς, Αἰολικὸν πολισμάτιον, ὑπὸ πάντων ἀγνοούμενος, πλὴν τοῦ ξένου Νικογένους, ὃς Αἰολέων πλείστην οὐσίαν ἐκέκτητο, καὶ τοῖς ἄνω δυνατοῖς γνώριμος ὑπῆρχε. Παρὰ τούτῳ κρυπτόμενος ἡμέρας ὀλίγας διέτριψεν· εἶτα μετὰ τὸ δεῖπνον ἐκ θυσίας τινὸς Ὄλβιος, ὁ τῶν τέκνων τοῦ Νικογένους παιδαγωγὸς, ἔκφρων γενόμενος καὶ θεοφόρητος, ἀνεφώνησε μέτρῳ ταυτί·

Νυκτὶ φωνὴν, νυκτὶ βουλὴν, νυκτὶ τὴν νίκην δίδου.

Καὶ μετὰ ταῦτα κοιμηθεὶς ὁ Θεμιστοκλῆς, ὄναρ ἔδοξεν ἰδεῖν

XXVI. Arrivé à Cymé, il s'aperçoit qu'il y a parmi les curieux du rivage des gens apostés pour l'arrêter, entre autres Ergotèle et Pythodore. C'était, en effet, une riche capture pour ceux à qui tout moyen de s'enrichir est bon, le roi de Perse ayant fait publier qu'il donnerait deux cents talents à qui le lui livrerait. Il s'enfuit donc à Æges, petite ville de l'Éolie, où il n'était connu que de son hôte Nicogène, un des plus riches Éoliens, et qui était connu des grands de la Perse. Il s'y tenait caché depuis quelques jours, lorsqu'un soir, après le souper, qui avait été suivi d'un sacrifice, Olbius, pédagogue des enfants de Nicogène, subitement inspiré et dans un transport prophétique, prononça tout haut ces mots rhythmés :

.... A la nuit une voix,
A la nuit un conseil, à la nuit la victoire !

Thémistocle s'étant allé coucher ensuite vit en songe un dragon

XXVI. Ἐπεὶ δὲ	XXVI. Mais après que
κατέπλευσεν εἰς Κύμην,	il eut abordé à Cymé,
καὶ ᾔσθετο	et se fut aperçu
πολλοὺς τῶν ἐπὶ θαλάττῃ	plusieurs de ceux auprès de la mer
παραφυλάττοντας	guettant
λαβεῖν αὐτὸν,	pour saisir lui,
μάλιστα δὲ	et surtout
τοὺς περὶ Ἐργοτέλη	ceux autour d'Ergotèle
καὶ Πυθόδωρον	et de Pythodore
(ἡ γὰρ θήρα	(car la capture
ἦν λυσιτελὴς	était avantageuse
τοῖς ἀγαπῶσι	pour ceux qui aiment
τὸ κερδαίνειν ἀπὸ παντὸς,	le gagner sur tout,
διακοσίων ταλάντων	deux-cents talents
ἐπικεκηρυγμένων αὐτῷ	ayant été publiés pour lui
ὑπὸ τοῦ βασιλέως),	par le roi),
ἔφυγεν εἰς Αἰγὰς,	il s'enfuit à Æges,
πολισμάτιον Αἰολικὸν,	petite-ville d'-Éolie,
ἀγνοούμενος ὑπὸ πάντων,	étant non-connu par tous,
πλὴν τοῦ ξένου Νικογένους,	excepté son hôte Nicogène,
ὃς ἐκέκτητο	qui possédait
πλείστην οὐσίαν Αἰολέων,	la plus grande fortune des Éoliens,
καὶ ὑπῆρχε γνώριμος	et était connu
τοῖς δυνατοῖς ἄνω.	de ceux puissants en haut (en Perse).
Κρυπτόμενος παρὰ τούτῳ	Se cachant chez celui-ci
διέτριψεν ὀλίγας ἡμέρας·	il passa quelques jours;
εἶτα μετὰ τὸ δεῖπνον	puis après le repas
ἔκ τινος θυσίας,	à la suite d'un certain sacrifice,
Ὄλβιος, ὁ παιδαγωγὸς·	Olbius, le gouverneur
τῶν τέκνων τοῦ Νικογένους,	des enfants de Nicogène,
γενόμενος ἔκφρων	étant devenu hors-de-lui
καὶ θεοφόρητος,	et transporté-par-le-dieu,
ἀνεφώνησε	prononça-à-haute-voix
μέτρῳ ταυτί·	avec rhythme ces mots:
« Δίδου νυκτὶ φωνὴν,	« Donne à la nuit la voix,
νυκτὶ βουλὴν,	à la nuit le conseil,
νυκτὶ τὴν νίκην. »	à la nuit la victoire. »
Καὶ μετὰ ταῦτα	Et après cela
ὁ Θεμιστοκλῆς κοιμηθεὶς,	Thémistocle s'étant couché,
ἔδοξεν ἰδεῖν ὄναρ	crut voir en songe

δράκοντα κατὰ τῆς γαστρὸς αὐτοῦ περιελιττόμενον, καὶ προσ-
ανέρποντα τῷ τραχήλῳ· γενόμενον δ' ἀετὸν, ὡς ἥψατο τοῦ προσ-
ώπου, περιβαλλόντα τὰς πτέρυγας, ἐξᾶραι καὶ κομίζειν πολλὴν
ὁδὸν, εἶτα χρυσείου τινὸς κηρυκείου φανέντος, ἐπὶ τούτου στῆ-
σαι βεβαίως αὐτὸν, ἀμηχάνου δείματος καὶ ταραχῆς ἀπαλλαγέντα.
Πέμπεται γοῦν ὑπὸ τοῦ Νικογένους μηχανησαμένου τι τοιοῦτον.
Τοῦ βαρβαρικοῦ γένους τὸ πολὺ, καὶ μάλιστα τὸ Περσικὸν, εἰς
ζηλοτυπίαν τὴν περὶ τὰς γυναῖκας ἄγριον φύσει καὶ χαλεπόν ἐστιν.
Οὐ γὰρ μόνον τὰς γαμετὰς, ἀλλὰ καὶ τὰς ἀργυρωνήτους καὶ παλ-
λακευομένας, ἰσχυρῶς παραφυλάττουσιν, ὡς ὑπὸ μηδενὸς ὁρᾶσθαι
τῶν ἐκτὸς, ἀλλ' οἴκοι μὲν διαιτᾶσθαι κατακεκλεισμένας, ἐν δὲ
ταῖς ὁδοιπορίαις ὑπὸ σκηνὰς κύκλῳ περιπεφραγμένας ἐπὶ τῶν
ἁρμαμαξῶν ὀχεῖσθαι. Τοιαύτης τῷ Θεμιστοκλεῖ κατασκευασθεί-

qui s'entortillait autour de son ventre et se glissait le long de son
cou. A peine a-t-il touché son visage, qu'il se change en aigle,
couvre Thémistocle de ses ailes, le soulève, l'emporte durant un
long espace et le place sur un caducée d'or qui paraît tout à coup.
Là, Thémistocle se sent le pied ferme et l'âme délivrée d'un effroi
et d'un trouble extrêmes. Nicogène l'envoie donc au roi, en recou-
rant à cet expédient. Presque toute la race barbare, et notamment
les Perses, a vis-à-vis des femmes un instinct de jalousie sauvage
et féroce, et non-seulement envers celles qu'ils ont épousées,
mais même envers celles qu'ils ont achetées et dont ils ont fait leurs
concubines. Ils les gardent si étroitement que nul étranger ne les
peut voir : dans leurs maisons, ils les tiennent sous clef ; en voyage,
ils les font porter sur des chariots recouverts de pavillons qui les
enveloppent. C'est dans un de ces chariots que Nicogène fit mettre

δράκοντα περιελιττόμενον	un dragon s'enroulant
κατὰ τῆς γαστρὸς αὐτοῦ,	sur le ventre de lui,
καὶ προσανέρποντα τῷ τραχήλῳ·	et rampant vers son cou;
γενόμενον δὲ ἀετὸν,	puis étant devenu aigle,
ὡς ἥψατο τοῦ προσώπου,	dès qu'il eut touché son visage,
περιβάλλοντα τὰς πτέρυγας,	jetant-autour de lui ses ailes,
ἐξᾶραι	l'avoir enlevé
καὶ κομίζειν πολλὴν ὁδὸν,	et le transporter un long chemin,
εἶτα	ensuite
τινὸς κηρυκείου χρυσείου	un caducée d'-or
φανέντος,	ayant paru,
στῆσαι βεβαίως αὐτὸν	avoir établi solidement lui
ἐπὶ τούτου,	sur celui-ci,
ἀπαλλαγέντα	débarrassé
δείματος ἀμηχάνου	d'une peur excessive
καὶ ταραχῆς.	et d'un trouble excessif.
Πέμπεται γοῦν	Il est envoyé donc
ὑπὸ τοῦ Νικογένους	par Nicogène
μηχανησαμένου τι τοιοῦτον.	ayant arrangé quelque chose de tel.
Τὸ πολὺ τοῦ γένους βαρβαρικοῦ,	La plupart de la race barbare,
καὶ μάλιστα τὸ Περσικὸν,	et surtout la persane,
ἐστὶ φύσει	est de nature
ἄγριον καὶ χαλεπὸν	sauvage et intraitable
εἰς ζηλοτυπίαν	pour la jalousie
τὴν περὶ τὰς γυναῖκας.	celle concernant les femmes.
Παραφυλάττουσι γὰρ	Car ils gardent
ἰσχυρῶς	fortement (étroitement)
οὐ μόνον τὰς γαμετὰς,	non-seulement les épouses,
ἀλλὰ καὶ	mais aussi
τὰς ἀργυρωνήτους	celles achetées-à-prix-d'argent
καὶ παλλακευομένας,	et étant-concubines,
ὡς ὁρᾶσθαι	de-manière-que elles être vues
ὑπὸ μηδενὸς τῶν ἐκτός,	par aucun de ceux du dehors,
ἀλλὰ διαιτᾶσθαι μὲν οἴκοι	mais vivre à la maison
κατακεκλεισμένας,	enfermées,
ἐν δὲ ταῖς ὁδοιπορίαις	et dans les voyages
ὀχεῖσθαι ἐπὶ τῶν ἁρμαμαξῶν	être voiturées sur les chariots
ὑπὸ σκηνὰς	sous des tentes
περιπεφραγμένας κύκλῳ.	toutes-fermées autour.
Ἀπήνης τοιαύτης	Une voiture telle

σης ἀπήνης, καταδὺς ἐκομίζετο, τῶν περὶ αὐτὸν ἀεὶ τοῖς ἐν-
τυγχάνουσι καὶ πυνθανομένοις λεγόντων, ὅτι γύναιον Ἑλληνικὸν
ἄγουσιν ἀπ᾽ Ἰωνίας πρός τινα τῶν ἐπὶ θύραις βασιλέως.

XXVII. Θουκυδίδης [1] μὲν οὖν καὶ Χάρων ὁ Λαμψακηνὸς [2]
ἱστοροῦσι, τεθνηκότος Ξέρξου, πρὸς τὸν υἱὸν αὐτοῦ τῷ Θεμιστοκλεῖ γενέσθαι τὴν ἔντευξιν· Ἔφορος δὲ, καὶ Δείνων, καὶ Κλεί-
ταρχος, καὶ Ἡρακλείδης [3], ἔτι δ᾽ ἄλλοι πλείονες, πρὸς αὐτὸν
ἀφικέσθαι τὸν Ξέρξην. Τοῖς δὲ χρονικοῖς δοκεῖ μᾶλλον ὁ Θουκυδίδης συμφέρεσθαι, καίπερ οὐδ᾽ αὐτοῖς ἀτρέμα συνταττομένοις [4]. Ὁ δ᾽ οὖν Θεμιστοκλῆς, γενόμενος παρ᾽ αὐτὸ τὸ δεινὸν,
ἐντυγχάνει πρῶτον Ἀρταβάνῳ [5] τῷ χιλιάρχῳ, λέγων Ἕλλην μὲν
εἶναι, βούλεσθαι δ᾽ ἐντυχεῖν βασιλεῖ περὶ μεγίστων πραγμάτων,
καὶ πρὸς ἃ τυγχάνει μάλιστα σπουδάζων ἐκεῖνος. Ὁ δέ φησιν·
« Ὦ ξένε, νόμοι διαφέρουσιν ἀνθρώπων· ἄλλα δ᾽ ἄλλοις καλά·

Thémistocle, et les gens de l'escorte répondent à toutes les ques-
tions des passants que c'est une femme grecque qu'ils amènent
d'Ionie à un des grands de la Porte du roi.

XXVII. Thucydide et Charon de Lampsaque disent que Thémistocle
n'arriva en Perse qu'après la mort de Xerxès et que c'est au fils de
Xerxès qu'il se présenta. Éphore, Dinon, Clitarque, Héraclide et
plusieurs autres affirment qu'il parut devant Xerxès lui-même;
mais Thucydide paraît s'accorder davantage avec les tables chrono-
logiques, bien qu'elles soient rédigées elles-mêmes avec peu d'exac-
titude. Thémistocle, se voyant donc arrivé au moment décisif,
s'adresse d'abord à Artaban, capitaine de mille hommes. Il lui dit
qu'il est Grec, et qu'il désire avoir une entrevue avec le roi pour
des affaires de la plus haute importance et auxquelles le roi lui-
même a le plus vif intérêt. Artaban lui répond : « Étranger, il y a
différence entre les lois des hommes : ce qui est bien chez les uns

κατασκευασθείσης	ayant été disposée
τῷ Θεμιστοκλεῖ,	pour Thémistocle,
καταδὺς ἐκομίζετο,	y étant entré il était porté,
τῶν περὶ αὐτὸν	ceux autour de lui
λεγόντων ἀεὶ	disant toujours
τοῖς ἐντυγχάνουσι	à ceux qui rencontraient
καὶ πυνθανομένοις,	et qui interrogeaient,
ὅτι ἄγουσι	qu'ils amènent
γύναιον Ἑλληνικὸν	une petite-femme grecque
ἀπὸ Ἰωνίας πρός τινα τῶν	d'Ionie à un de ceux *qui sont*
ἐπὶ θύραις βασιλέως.	aux portes du roi.
XXVII. Θουκυδίδης μὲν οὖν	XXVII. Thucydide donc
καὶ Χάρων ὁ Λαμψακηνὸς	et Charon de-Lampsaque
ἱστοροῦσι,	racontent,
Ξέρξου τεθνηκότος,	Xerxès étant mort,
τὴν ἔντευξιν	la rencontre
γενέσθαι τῷ Θεμιστοκλεῖ	avoir été à Thémistocle
πρὸς τὸν υἱὸν αὐτοῦ ·	avec le fils de lui ;
Ἔφορος δὲ, καὶ Δείνων,	mais Éphore, et Dinon,
καὶ Κλείταρχος, καὶ Ἡρακλείδης,	et Clitarque, et Héraclide,
ἔτι δὲ ἄλλοι πλείονες,	et encore d'autres plus nombreux,
ἀφικέσθαι	*disent lui* être arrivé
πρὸς τὸν Ξέρξην αὐτόν.	près de Xerxès lui-même.
Ὁ δὲ Θουκυδίδης	Mais Thucydide
δοκεῖ συμφέρεσθαι μᾶλλον	paraît s'ajuster mieux
τοῖς χρονικοῖς,	aux *données* chronologiques,
καίπερ οὐδὲ αὐτοῖς	quoique pas même elles
συνταττομένοις ἀτρέμα.	n'étant arrangées exactement.
Ὁ δὲ οὖν Θεμιστοκλῆς,	Thémistocle donc,
γενόμενος παρὰ τὸ δεινὸν αὐτὸ,	s'étant trouvé au danger même,
ἐντυγχάνει πρῶτον	s'abouche d'abord
Ἀρταβάνῳ τῷ χιλιάρχῳ,	avec Artaban le chiliarque,
λέγων εἶναι μὲν Ἕλλην,	disant être Grec,
βούλεσθαι δὲ ἐντυχεῖν βασιλεῖ	mais vouloir s'aboucher avec le roi
περὶ πραγμάτων μεγίστων,	au sujet-d'affaires très-grandes,
καὶ πρὸς ἃ ἐκεῖνος	et auxquelles celui-là (le roi)
τυγχάνει σπουδάζων μάλιστα.	se trouve s'intéressant le plus.
Ὁ δέ φησιν ·	Mais celui-ci dit :
« Ὦ ξένε,	« O étranger,
νόμοι ἀνθρώπων διαφέρουσιν·	les lois des hommes diffèrent ;

6

καλὸν δὲ πᾶσι τὰ οἰκεῖα κοσμεῖν καὶ σώζειν. Ὑμᾶς μὲν οὖν
ἐλευθερίαν μάλιστα θαυμάζειν καὶ ἰσότητα, λόγος· ἡμῖν δὲ πολλῶν νόμων καὶ καλῶν ὄντων, κάλλιστος οὗτός ἐστι, τιμᾶν βασιλέα, καὶ προσκυνεῖν εἰκόνα θεοῦ τοῦ τὰ πάντα σώζοντος. Εἰ
μὲν οὖν, ἐπαινῶν τὰ ἡμέτερα, προσκυνήσεις, ἔστι σοὶ καὶ βασιλέα θεάσασθαι καὶ προσειπεῖν· εἰ δ' ἄλλο τι φρονεῖς, ἀγγέλοις
ἑτέροις χρήσῃ πρὸς αὐτόν. Βασιλεῖ γὰρ οὐ πάτριον ἀνδρὸς
ἀκροᾶσθαι μὴ προσκυνήσαντος. » Ταῦτα δ Θεμιστοκλῆς ἀκούσας
λέγει πρὸς αὐτόν· « Ἀλλ' ἔγωγε τὴν βασιλέως, ὦ Ἀρτάβανε,
φήμην καὶ δύναμιν αὐξήσων ἀφῖγμαι, καὶ αὐτός τε πείσομαι
τοῖς ὑμετέροις νόμοις, ἐπεὶ θεῷ τῷ μεγαλύναντι Πέρσας οὕτω
δοκεῖ, καὶ δι' ἐμὲ πλείονες τῶν νῦν βασιλέα προσκυνήσουσιν.

est mal chez les autres; mais il est bien pour tout homme de res-
pecter et de maintenir les lois de son pays. Vous autres, Grecs,
vous estimez par-dessus tout la liberté et l'égalité, c'est ce qu'on
dit; mais pour nous, entre tant de belles lois que nous avons, la
plus belle est celle qui nous prescrit d'honorer le roi et d'adorer
en lui l'image de la Divinité qui conserve toutes choses. Si donc
tu veux te plier à nos usages et l'adorer, il t'est permis de voir le
roi et de l'entretenir. Si tu penses autrement, tu devras user
de truchements avec lui. Car il n'est pas dans les usages na-
tionaux que le roi écoute un homme qui ne l'a point adoré. » A
ces paroles d'Artaban, Thémistocle répondit : « C'est pour aug-
menter la gloire et la puissance du roi, Artaban, que je suis venu.
J'obéirai donc à vos lois, puisque telle est la volonté du dieu qui
a élevé si haut la fortun des Perses, et par moi le roi verra s'ac-

ἄλλα δὲ	et d'autres choses
καλὰ ἄλλοις·	*sont* belles pour d'autres ;
καλὸν δὲ πᾶσι	mais *il est* beau pour tous
κοσμεῖν καὶ σώζειν	de respecter et de conserver
τὰ οἰκεῖα.	les *coutumes* nationales.
Λόγος μὲν οὖν	Le discours *est* donc (on dit)
ὑμᾶς θαυμάζειν μάλιστα	vous admirer le plus
ἐλευθερίαν καὶ ἰσότητα·	la liberté et l'égalité ;
νόμων δὲ πολλῶν καὶ καλῶν	mais des lois nombreuses et belles
ὄντων ἡμῖν,	étant à nous ;
οὗτός ἐστι κάλλιστος,	celle-ci est la plus belle,
τιμᾶν βασιλέα,	d'honorer le roi,
καὶ προσκυνεῖν	et d'adorer *en lui*
εἰκόνα θεοῦ	une image de dieu
τοῦ σώζοντος τὰ πάντα.	celui qui conserve toutes choses.
Εἰ μὲν οὖν,	Si donc,
ἐπαινῶν τὰ ἡμέτερα,	approuvant les *coutumes* nôtres,
προσκυνήσεις,	tu adoreras (tu veux adorer),
ἔστι σοὶ	il est *possible* à toi
καὶ θεάσασθαι βασιλέα	et de voir le roi
καὶ προσειπεῖν·	et de *lui* parler ; [chose,
εἰ δὲ φρονεῖς τι ἄλλο,	mais si tu penses quelque autre
χρήσῃ πρὸς αὐτὸν	tu te serviras vis-à-vis-de lui
ἑτέροις ἀγγέλοις.	d'autres *comme* messagers.
Οὐ γὰρ πάτριον βασιλεῖ	Car *il n'est* pas traditionnel au roi
ἀκροᾶσθαι ἀνδρὸς	d'écouter un homme
μὴ προσκυνήσαντος. »	ne *l'*ayant pas adoré. »
Ὁ Θεμιστοκλῆς	Thémistocle
ἀκούσας ταῦτα λέγει πρὸς αὐτόν·	ayant entendu ces choses dit à lui
« Ἀλλὰ ἔγωγε,	« Mais moi,
ὦ Ἀρτάβανε,	ô Artaban,
ἀφῖγμαι αὐξήσων	je suis venu devant accroître
τὴν φήμην καὶ δύναμιν	la renommée et la puissance
βασιλέως,	du roi,
καὶ αὐτός τε πείσομαι	et moi-même j'obéirai
τοῖς ὑμετέροις νόμοις,	à vos lois,
ἐπεὶ δοκεῖ οὕτω	puisqu'il plaît ainsi
θεῷ	au dieu
τῷ μεγαλύναντι Πέρσας,	celui ayant grandi les Perses,
καὶ διὰ ἐμὲ	et par moi

῞Ωστε τοῦτο μηδὲν ἐμποδὼν ἔστω τοῖς λόγοις, οὓς βούλομαι πρὸς
ἐκεῖνον εἰπεῖν. » « Τίνα δ', εἶπεν ὁ Ἀρτάβανος, Ἑλλήνων
ἀφῖχθαί σε φῶμεν; οὐ γὰρ ἰδιώτῃ τὴν γνώμην ἔοικας. » Καὶ ὁ
Θεμιστοκλῆς· « Τοῦτ' οὐκέτ' ἂν, ἔφη, πύθοιτό τις, Ἀρτάβανε,
πρότερος βασιλέως. » Οὕτω μὲν ὁ Φανίας φησίν. Ὁ δ' Ἐρατο-
σθένης[1] ἐν τοῖς Περὶ πλούτου προσιστόρησε, διὰ γυναικὸς Ἐρετρικῆς[2], ἣν ὁ χιλίαρχος εἶχε, τῷ Θεμιστοκλεῖ τὴν πρὸς αὐτὸν
ἔντευξιν γενέσθαι καὶ σύστασιν.

XXVIII. Ἐπειδὴ οὖν εἰσήχθη πρὸς βασιλέα, καὶ προσκυ-
νήσας ἔστη σιωπῇ, προστάξαντος τῷ ἑρμηνεῖ τοῦ βασιλέως
ἐρωτῆσαι τίς ἐστι, καὶ τοῦ ἑρμηνέως ἐρωτήσαντος, εἶπεν·
« Ἥκω σοι, βασιλεῦ, Θεμιστοκλῆς ὁ Ἀθηναῖος ἐγώ, φυγὰς ὑφ'

croître le nombre de ses adorateurs actuels. Ainsi, que rien n'em-
pêche l'entretien que je veux avoir avec lui. — Mais, dit Artaban,
quel est le Grec que nous dirons arrivé ici? Car tes sentiments
n'ont pas l'air d'un homme du commun. » Alors Thémistocle :
« Personne, Artaban, lui dit-il, ne le saura avant le roi. » Tel est
le récit de Phanias. Ératosthène, dans son ouvrage sur la Richesse,
ajoute que ce fut une femme d'Érétrie, maîtresse d'un chiliarque,
qui recommanda Thémistocle à celui-ci et ménagea leur entrevue.

XXVIII. Introduit auprès du roi, Thémistocle l'adore et se tient en
silence jusqu'à ce que l'interprète ait reçu l'ordre de lui demander
qui il était. L'interprète ayant fait la question, Thémistocle répond : « Celui qui vient à toi, grand roi, c'est Thémistocle d'Athè-

πλείονες	de plus nombreux
τῶν νῦν	que ceux *adorant* maintenant
προσκυνήσουσι βασιλέα.	adoreront le roi.
Ὥστε τοῦτο	Ainsi que ceci
ἔστω μηδὲν ἐμποδὼν	ne soit en rien à-obstacle
τοῖς λόγοις	aux discours
οὓς βούλομαι εἰπεῖν	que je veux dire
πρὸς ἐκεῖνον. »	à celui-là. »
« Τίνα δὲ Ἑλλήνων,	« Et qui des Grecs ,
εἶπεν ὁ Ἀρτάβανος,	dit Artaban,
φῶμέν σε ἀφῖχθαι;	dirons-nous toi être arrivé?
οὐ γὰρ ἔοικας	car tu ne ressembles pas
τὴν γνώμην	par les sentiments
ἰδιώτῃ. »	à un homme-ordinaire. »
Καὶ ὁ Θεμιστοκλῆς·	Et Thémistocle : [prendre ceci,
« Οὐκέτι ἄν τις πύθοιτο τοῦτο,	« Personne ne pourrait encore ap-
ἔφη,	dit-il,
Ἀρτάβανε,	Artaban,
πρότερος βασιλέως. »	avant le roi. »
Ὁ μὲν Φανίας φησὶν οὕτως.	Phanias dit ainsi.
Ὁ δὲ Ἐρατοσθένης	Mais Ératosthène
ἐν τοῖς Περὶ πλούτου	dans ses *écrits* Sur la richesse
προσιστόρησε.	a raconté-en-outre
τὴν ἔντευξιν καὶ σύστασιν	la rencontre et la recommandation
γενέσθαι πρὸς αὐτὸν	avoir été vis-à-vis de lui (Artaban)
τῷ Θεμιστοκλεῖ	à Thémistocle
διὰ γυναικὸς Ἐρετρικῆς,	par une femme-d'-Érétrie,
ἣν ὁ χιλίαρχος εἶχεν.	que le chiliarque avait.
XXVIII. Ἐπειδὴ οὖν	XXVIII. Après donc que
εἰσήχθη πρὸς βασιλέα,	il eut été introduit près du roi,
καὶ προσκυνήσας	et que *l'*ayant adoré
ἔστη σιωπῇ,	il se tint en silence,
τοῦ βασιλέως	le roi
προστάξαντος τῷ ἑρμηνεῖ	ayant enjoint à l'interprète
ἐρωτῆσαι τίς ἐστι,	de demander qui il est,
καὶ τοῦ ἑρμηνέως ἐρωτήσαντος,	et l'interprète ayant demandé,
εἶπεν· « Ἥκω σοι,	il dit : « Je suis venu à toi,
βασιλεῦ,	roi,
ἐγὼ Θεμιστοκλῆς ὁ Ἀθηναῖος,	moi Thémistocle l'Athénien,
φυγὰς	exilé

Ἑλλήνων διωχθεὶς, ᾧ πολλὰ μὲν ὀφείλουσι κακὰ Πέρσαι, πλείω
δ᾽ ἀγαθὰ, κωλύσαντι τὴν δίωξιν, ὅτε τῆς Ἑλλάδος ἐν ἀσφαλεῖ γενομένης, παρέσχε τὰ οἴκοι σωζόμενα χαρίσασθαί τι καὶ ὑμῖν.
Ἐμοὶ μὲν οὖν πάντα πρέποντα ταῖς παρούσαις συμφοραῖς ἐστι,
καὶ παρεσκευασμένος ἀφῖγμαι δέξασθαί τε χάριν εὐμενῶς διαλ-
λαττομένου, καὶ παραιτεῖσθαι μνησικακοῦντος ὀργήν. Σὺ δὲ
τοὺς ἐμοὺς ἐχθροὺς μάρτυρας θέμενος, ὧν εὐεργέτησα Πέρσας,
ἀπόχρησαι ταῖς ἐμαῖς τύχαις πρὸς ἐπίδειξιν ἀρετῆς μᾶλλον, ἢ
πρὸς ἀποπλήρωσιν ὀργῆς. Σώσεις μὲν γὰρ ἱκέτην σὸν, ἀπολεῖς
δ᾽ Ἑλλήνων πολέμιον γενόμενον. » Ταῦτ᾽ εἰπὼν ὁ Θεμιστοκλῆς,
ἐπεθείασε τῷ λόγῳ προσδιελθὼν τὴν ὄψιν, ἣν εἶδεν ἐν Νικογένους, καὶ τὸ μάντευμα τοῦ Δωδωναίου Διὸς, ὡς κελευσθεὶς

nes, banni, pourchassé par les Grecs. J'ai fait bien du mal aux
Perses, mais je leur ai fait plus de bien encore en empêchant
qu'on les poursuivît. Alors que la Grèce était sauvée et ma patrie
hors de danger, il m'était permis de vous rendre quelque service.
Aujourd'hui mes sentiments sont conformes à ma fortune, et je
viens, préparé soit à recevoir un bienfait d'un ennemi désarmé,
soit à désarmer sa colère, s'il m'en veut encore. Pour toi, que
mes ennemis te soient témoins des services que j'ai rendus aux
Perses, et que mon malheur te serve à montrer ta vertu plutôt
qu'à assouvir ta vengeance. Tu as à sauver un suppliant ou à
perdre un homme devenu l'ennemi des Grecs. » A ce discours Thémistocle joint le récit de la vision divine qu'il a eue chez Nicogène
et un oracle de Jupiter de Dodone, qui lui a ordonné de se re-

διωχθεὶς ὑπὸ Ἑλλήνων,	poursuivi par les Grecs,
ᾧ Πέρσαι	*moi* à qui les Perses
ὀφείλουσι μὲν πολλὰ κακὰ,	doivent beaucoup de maux,
ἀγαθὰ δὲ πλείω	mais des biens plus nombreux
κωλύσαντι τὴν δίωξιν,	ayant empêché la poursuite,
ὅτε τῆς Ἑλλάδος	lorsque la Grèce
γενομένης ἐν ἀσφαλεῖ,	ayant été en sûreté,
τὰ σωζόμενα οἴκοι	les *affaires* sauvées dans la patrie
παρέσχε	permirent
χαρίσασθαί τι	d'accorder quelque chose
καὶ ὑμῖν.	aussi à vous.
Πάντα μὲν οὖν ἐστιν ἐμοὶ	Toutes choses donc sont à moi
πρέποντα	convenables
ταῖς συμφοραῖς παρούσαις,	aux circonstances présentes,
καὶ ἀφῖγμαι παρεσκευασμένος	et je suis venu préparé
δέξασθαί τε χάριν	et à recevoir un bienfait
διαλλαττομένου εὐμενῶς,	de *toi* te réconciliant avec-bonté,
καὶ παραιτεῖσθαι ὀργὴν	et à conjurer la colère
μνησικακοῦντος.	de *toi* te-souvenant-du-mal.
Σὺ δὲ θέμενος	Mais toi ayant établi
τοὺς ἐμοὺς ἐχθροὺς	mes ennemis
μάρτυρας	témoins *des choses*
ὧν εὐεργέτησα	en lesquelles j'ai fait-du-bien
Πέρσας,	aux Perses,
ἀπόχρησαι ταῖς ἐμαῖς τύχαις	use de mes malheurs
πρὸς ἐπίδειξιν ἀρετῆς	pour montre de *ta* vertu
μᾶλλον ἢ πρὸς ἀποπλήρωσιν	plutôt que pour satisfaction
ὀργῆς.	de *ta* colère.
Σώσεις μὲν γὰρ	En effet tu sauveras
ἱκέτην σὸν,	un suppliant tien,
ἀπολεῖς δὲ	mais tu perdras *un homme*
γενόμενον πολέμιον Ἑλλήνων.»	devenu ennemi des Grecs. »
Ὁ Θεμιστοκλῆς	Thémistocle
εἰπὼν ταῦτα,	ayant dit ces choses,
ἐπεθείασε	parla-de-la-divinité [cours
προσδιελθὼν τῷ λόγῳ	ayant raconté-en-outre par le dis-
τὴν ὄψιν,	la vision,
ἣν εἶδεν	qu'il avait vue
ἐν Νικογένους,	dans *la maison* de Nicogène,
καὶ τὸ μάντευμα	et l'oracle

πρὸς τὸν ὁμώνυμον τοῦ θεοῦ βαδίζειν, συμφρονήσειε πρὸς ἐκεῖνον ἀναπέμπεσθαι· μεγάλους γὰρ ἀμφοτέρους εἶναί τε καὶ λέγεσθαι βασιλέας. Ἀκούσας δ᾽ ὁ Πέρσης, ἐκείνῳ μὲν οὐδὲν ἀπεκρίνατο, καίπερ θαυμάσας τὸ φρόνημα καὶ τὴν τόλμαν αὐτοῦ·
μακαρίσας δὲ πρὸς τοὺς φίλους ἑαυτὸν ὡς ἐπ᾽ εὐτυχίᾳ μεγίστῃ,
καὶ κατευξάμενος ἀεὶ τοῖς πολεμίοις τοιαύτας φρένας διδόναι
τὸν Ἀριμάνιον¹, ὅπως ἐλαύνωσι τοὺς ἀρίστους ἐξ ἑαυτῶν, θῦσαι
τοῖς θεοῖς λέγεται, καὶ πρὸς πόσιν εὐθὺς τραπέσθαι, καὶ νύκτωρ
ὑπὸ χαρᾶς διὰ μέσων τῶν ὕπνων βοῆσαι τρίς· « Ἔχω Θεμιστοκλέα τὸν Ἀθηναῖον. »

XXIX. Ἅμα δ᾽ ἡμέρᾳ συγκαλέσας τοὺς φίλους, εἰσήγαγεν
αὐτὸν, μηδὲν ἐλπίζοντα χρηστὸν, ἐξ ὧν ἑώρα τοὺς ἐπὶ θύραις,
ὡς ἐπύθοντο τοὔνομα παρόντος αὐτοῦ, χαλεπῶς διακειμένους

tirer, selon lui, chez un prince portant le même nom que le dieu :
car le roi de Perse et le dieu sont tous deux grands et appelés
rois. Après avoir entendu, le Perse ne répond rien à Thémistocle,
tout en admirant sa résolution et sa hardiesse; mais il s'en félicite
en présence de ses amis, comme du plus grand des bonheurs, et
prie Arimane de donner toujours de semblables pensées à ses
ennemis, en leur faisant bannir leurs plus grands hommes. On
ajoute qu'il offrit aux dieux un sacrifice suivi d'un banquet, et que
la nuit, au milieu de son sommeil, la joie le fit crier trois fois :
« J'ai Thémistocle l'Athénien. »

XXIX. Le lendemain, au point du jour, le roi convoque ses amis
et fait venir Thémistocle, qui n'espérait rien de bon depuis qu'il
avait vu les grands de la porte, aussitôt qu'ils avaient su son nom,
lui témoigner de la malveillance et lui dire des injures. Il y a

τοῦ Διὸς Δωδωναίου,   de Jupiter de-Dodone,

ὡς κελευσθεὶς βαδίζειν   qu'ayant reçu-ordre d'aller

πρὸς τὸν ὁμώνυμον τοῦ θεοῦ,   vers l'homonyme du dieu,

συμφρονήσειεν   il avait compris

ἀναπέμπεσθαι πρὸς ἐκεῖνόν·   être envoyé vers celui-là (le roi) :

ἀμφοτέρους γὰρ   tous-les-deux en effet

εἶναί τε καὶ λέγεσθαι   et être et être dits

μεγάλους βασιλέας.   grands rois.

Ὁ δὲ Πέρσης ἀκούσας   Et le Perse ayant entendu

ἀπεκρίνατο μὲν οὐδὲν   ne répondit rien

ἐκείνῳ,   à celui-là (à Thémistocle),

καίπερ θαυμάσας   quoique ayant admiré

τὸ φρόνημα   la résolution

καὶ τὴν τόλμαν αὐτοῦ·   et la hardiesse de lui ;

μακαρίσας δὲ ἑαυτὸν   mais ayant félicité lui-même

πρὸς τοὺς φίλους,   devant ses amis,   [grand,

ὡς ἐπὶ εὐτυχίᾳ μεγίστῃ,   comme pour un bonheur très-

καὶ κατευξάμενος τὸν Ἀριμάνιον   et ayant prié Arimane

διδόναι ἀεὶ τοῖς πολεμίοις   de donner toujours aux ennemis

τοιαύτας φρένας,   de telles dispositions,

ὅπως ἐλαύνωσι   afin qu'ils chassassent

τοὺς ἀρίστους ἐξ ἑαυτῶν,   les meilleurs de chez eux-mêmes,

λέγεται θῦσαι τοῖς θεοῖς,   il est dit avoir sacrifié aux dieux,

καὶ τραπέσθαι εὐθὺς   et s'être tourné aussitôt

πρὸς πόσιν,   vers la boisson,

καὶ νύκτωρ   et la nuit

διὰ μέσων τῶν ὕπνων   au milieu de son sommeil

βοῆσαι τρὶς ὑπὸ χαρᾶς·   avoir crié trois-fois de joie :

« Ἔχω Θεμιστοκλέα   « J'ai Thémistocle

τὸν Ἀθηναῖον. »   l'Athénien. »

XXIX. Ἅμα δὲ ἡμέρᾳ   XXIX. Et avec le jour

συγκαλέσας τοὺς φίλους,   ayant convoqué ses amis,

εἰσήγαγεν αὐτὸν,   il fit-introduire lui,

ἐλπίζοντα μηδὲν χρηστὸν,   qui n'espérait rien de bon,

ἐξ ὧν   par suite de ce que (parce que)

ἑώρα   il voyait   [sans],

τοὺς ἐπὶ θύραις,   ceux auprès des portes (les courti-

ὡς ἐπύθοντο τὸ ὄνομα   dès qu'ils apprirent le nom

αὐτοῦ παρόντος,   de lui présent,

διακειμένους χαλεπῶς   disposés avec-malveillance

καὶ κακῶς λέγοντας. Ἔτι δὲ Ῥωξάνης ὁ χιλίαρχος, ὡς κατ᾽
αὐτὸν ἦν ὁ Θεμιστοκλῆς προσιὼν, καθημένου βασιλέως, καὶ
τῶν ἄλλων σιωπώντων, ἀτρέμα στενάξας εἶπεν· « Ὄφις Ἕλλην
ὁ ποικίλος, ὁ βασιλέως σε δαίμων δεῦρο ἤγαγεν. » Οὐ μὴν ἀλλ᾽
εἰς ὄψιν ἐλθόντος αὐτοῦ, καὶ πάλιν προσκυνήσαντος, ἀσπασά-
μενος καὶ προσειπὼν φιλοφρόνως ὁ βασιλεὺς, ἤδη μὲν ἔφησεν
αὐτῷ διακόσια τάλαντα ὀφείλειν· κομίσαντα γὰρ αὐτὸν, ἀπο-
λήψεσθαι δικαίως τὸ ἐπικηρυχθὲν τῷ ἀγαγόντι. Πολλῷ δὲ πλείω
τούτων ὑπισχνεῖτο, καὶ παρεθάρρυνε, καὶ λέγειν ἐκέλευε περὶ
τῶν Ἑλληνικῶν, ἃ βούλοιτο, παρρησιαζόμενον. Ὁ δὲ Θεμιστοκλῆς ἀπεκρίνατο, τὸν λόγον ἐοικέναι τοῦ ἀνθρώπου τοῖς
ποικίλοις στρώμασιν· ὡς γὰρ ἐκεῖνα, καὶ τοῦτον, ἐκτεινόμενον

plus : Roxanès, capitaine de mille hommes, au moment où Thémistocle passait devant lui, le roi sur son trône et tout le monde
en silence, avait dit tout bas en soupirant : « Serpent grec aux
couleurs changeantes, c'est le bon génie du roi qui t'a conduit
ici. » Mais quand il a paru devant le roi et qu'il l'a adoré de nouveau, celui-ci le salue et lui dit avec bonté qu'il lui doit déjà deux
cents talents, vu que s'étant livré lui-même, il est juste qu'il re-
çoive la récompense promise à qui l'aurait amené; et il lui en
promet encore davantage, le rassure pleinement et l'invite à s'exprimer franchement, quoi qu'il pense, sur les affaires de la Grèce.
Thémistocle répond que la parole humaine ressemble à une tapisserie historiée et figurée : toutes deux ont également besoin d'être
développées pour qu'on en voie les figures; repliées, elles les

καὶ λέγοντας κακῶς.	et parlant mal à lui.
Ἔτι δὲ	Et de plus
Ῥωξάνης ὁ χιλίαρχος,	Roxanès le chiliarque,
ὡς ὁ Θεμιστοκλῆς	comme Thémistocle
ἦν προσιὼν	était s'avançant
κατὰ αὐτὸν,	en-passant-à-côté-de lui,
βασιλέως καθημένου,	le roi étant assis,
καὶ τῶν ἄλλων σιωπώντων,	et les autres se taisant,
στενάξας ἀτρέμα εἶπεν ·	ayant gémi tout-bas dit :
« Ὄφις Ἕλλην	« Serpent grec
ὁ ποικίλος,	aux-couleurs-changeantes,
ὁ δαίμων βασιλέως	le génie du roi
ἤγαγέ σε δεῦρο. »	a amené toi-ici. »
Οὐ μὴν ἀλλὰ αὐτοῦ	Cependant lui
ἐλθόντος εἰς ὄψιν,	étant venu en la présence du roi,
καὶ προσκυνήσαντος πάλιν,	et ayant adoré de nouveau,
ὁ βασιλεὺς ἀσπασάμενος	le roi l'ayant salué
καὶ προσειπὼν	et lui ayant adressé-la-parole
φιλοφρόνως,	avec-bienveillance,
ἔφησεν ὀφείλειν μὲν αὐτῷ ἤδη ·	dit devoir à lui déjà
διακόσια τάλαντα ·	deux-cents talents ;
κομίσαντα γὰρ αὐτὸν,	car ayant apporté lui-même,
ἀπολήψεσθαι δικαίως	devoir recevoir avec-justice
τὸ ἐπικηρυχθὲν	la somme promise-par-proclamation
τῷ ἀγαγόντι.	à celui l'ayant amené.
Ὑπισχνεῖτο δὲ	Mais il promettait des sommes
πολλῷ πλείω	beaucoup plus grandes
τούτων,	que celles-ci,
καὶ παρεθάρρυνε,	et l'encourageait,
καὶ ἐκέλευε λέγειν	et l'invitait à dire
περὶ τῶν Ἑλληνικῶν	sur les affaires grecques
ἃ βούλοιτο,	ce qu'il voulait,
παρρησιαζόμενον.	s'exprimant-avec-franchise.
Ὁ δὲ Θεμιστοκλῆς ἀπεκρίνατο,	Mais Thémistocle répondit,
τὸν λόγον τοῦ ἀνθρώπου	la parole de l'homme
ἐοικέναι	ressembler
τοῖς στρώμασι ποικίλοις ·	aux tapis brodés ;
ὡς γὰρ ἐκεῖνα,	en effet comme ceux-là,
καὶ τοῦτον,	aussi celle-ci,
ἐκτεινόμενον μὲν	étant développée

μὲν ἐπιδείκνυσθαι τὰ εἴδη, συστελλόμενον δὲ κρύπτειν καὶ διαφθεί-
ρειν· ὅθεν αὐτῷ χρόνου δεῖν. Ἐπεὶ δὲ, ἡσθέντος τοῦ βασιλέως
τῇ εἰκασίᾳ, καὶ λαμβάνειν κελεύσαντος, ἐνιαυτὸν αἰτησάμε-
νος, καὶ τὴν Περσίδα γλῶτταν ἀποχρώντως ἐκμαθὼν, ἐνετύγ-
χανε βασιλεῖ. δι' αὑτοῦ, τοῖς μὲν ἐκτὸς δόξαν παρέσχε περὶ τῶν
Ἑλληνικῶν πραγμάτων διειλέχθαι, πολλῶν δὲ καινοτομουμένων
περὶ τὴν αὐλὴν καὶ τοὺς φίλους τοῦ βασιλέως ἐν ἐκείνῳ τῷ
καιρῷ, φθόνον ἔσχε παρὰ τοῖς δυνατοῖς, ὡς καὶ περὶ ἐκείνων
παῤῥησίᾳ χρήσασθαι πρὸς αὐτὸν ἀποτετολμηκώς. Οὐδὲν γὰρ
ἦσαν αἱ τιμαὶ ταῖς τῶν ἄλλων ἐοικυῖαι ξένων, ἀλλὰ καὶ κυνη-
γεσίων βασιλεῖ μετέσχε καὶ τῶν οἴκοι διατριβῶν, ὥστε καὶ μητρὶ
τοῦ βασιλέως εἰς ὄψιν ἐλθεῖν καὶ γενέσθαι συνήθης, διακοῦσαι δὲ

cachent et les gâtent; il lui faut donc du temps. Le roi, charmé
de la comparaison, lui permet de prendre le temps qu'il voudra.
Thémistocle demande un an, et il apprend si bien la langue
perse, qu'il parvient à s'entretenir directement avec le roi. On
s'imagina, au dehors, qu'il n'était question entre eux que des affaires de la Grèce; mais les innovations qui se firent à la cour et
la disgrâce qui frappa, dans le même temps, quelques amis du
roi, soulevèrent contre Thémistocle la haine des grands, persuadés
qu'il avait osé dire franchement au roi ce qu'il pensait d'eux. Aussi
bien les honneurs qu'on faisait aux étrangers n'étaient rien au
prix des siens; admis aux chasses du roi, il vivait dans son intimité, à ce point que le roi le présenta à sa mère, dont il devint
un des familiers, et que, par ordre du roi, il fut instruit dans la

ἐπιδείκνυσθαι τὰ εἴδη,	montrer les figures,
συστελλόμενον δὲ	mais étant repliée
κρύπτειν καὶ διαφθείρειν·	les cacher et les gâter;
ὅθεν	d'où (c'est pourquoi)
δεῖν αὐτῷ χρόνου.	être-besoin à lui de temps.
Ἐπεὶ δὲ,	Mais après que,
τοῦ βασιλέως ἡσθέντος	le roi ayant été charmé
τῇ εἰκασίᾳ,	de la comparaison,
καὶ κελεύσαντος	et lui ayant ordonné
λαμβάνειν,	de prendre du temps,
αἰτησάμενος ἐνιαυτὸν,	ayant demandé un an,
καὶ ἐκμαθὼν ἀποχρώντως	et ayant appris suffisamment
τὴν γλῶτταν περσίδα,	la langue perse,
ἐνετύγχανε βασιλεῖ	il avait-conférence avec le roi
διὰ αὐτοῦ,	par lui-même (sans interprète),
παρέσχε μὲν δόξαν	il donna opinion
τοῖς ἐκτὸς	à ceux du dehors
διειλέχθαι	lui s'être entretenu
περὶ τῶν πραγμάτων	sur les affaires
Ἑλληνικῶν,	grecques,
πολλῶν δὲ	mais beaucoup de choses
καινοτομουμένων	étant innovées
περὶ τὴν αὐλὴν	concernant la cour
καὶ τοὺς φίλους τοῦ βασιλέως	et les amis du roi
ἐν ἐκείνῳ τῷ καιρῷ,	dans ce temps-là,
ἔσχε φθόνον	il eut (encourut) de la haine
παρὰ τοῖς δυνατοῖς,	auprès des puissants,
ὡς ἀποτετολμηκὼς	comme ayant osé
χρήσασθαι παῤῥησίᾳ	user de franchise
πρὸς αὐτὸν	envers lui (le roi)
καὶ περὶ ἐκείνων.	aussi sur ceux-là.
Αἱ γὰρ τιμαὶ	Car les honneurs de Thémistocle
ἦσαν οὐδὲν ἐοικυῖαι	n'étaient en rien semblables
ταῖς τῶν ἄλλων ξένων,	à ceux des autres étrangers,
ἀλλὰ μετέσχε βασιλεῖ	mais il prenait-part-avec le roi
καὶ τῶν κυνηγεσίων	et aux chasses
καὶ τῶν διατριβῶν οἴκοι,	et aux occupations à la maison,
ὥστε ἐλθεῖν εἰς ὄψιν	au point d'être venu en présence
καὶ μητρὶ τοῦ βασιλέως	aussi de la mère du roi
καὶ γενέσθαι συνήθης,	et d'être devenu son familier,

καὶ τῶν μαγικῶν λόγων, τοῦ βασιλέως κελεύσαντος. Ἐπειδὴ
δὲ Δημάρατος[1], ὁ Σπαρτιάτης, αἰτήσασθαι δωρεὰν κελευσθεὶς, ἠτήσατο τὴν κίταριν, ὥσπερ οἱ βασιλεῖς, ἐπαράμενος
εἰσελάσαι διὰ Σάρδεων[2], Μιθροπαύστης μὲν, ἀνεψιὸς ὢν βασιλέως, εἶπε, τοῦ Δημαράτου τῆς χειρὸς ἁψάμενος· « Αὕτη μὲν
ἡ κίταρις οὐκ ἔχει ἐγκέφαλον, ὃν ἐπικαλύψει· σὺ δ' οὐκ ἔσῃ
Ζεὺς, κἂν λάβῃς κεραυνόν. » Ἀπωσαμένου δὲ τὸν Δημάρατον
ὀργῇ διὰ τὸ αἴτημα τοῦ βασιλέως, καὶ δοκοῦντος ἀπαραιτήτως
ἔχειν πρὸς αὐτὸν, ὁ Θεμιστοκλῆς δεηθεὶς ἔπεισε καὶ διήλλαξε.
Λέγεται δὲ καὶ τοὺς ὕστερον βασιλεῖς, ἐφ' ὧν μᾶλλον αἱ Περ-
σικαὶ πράξεις ταῖς Ἑλληνικαῖς συνανεκράθησαν, ὁσάκις δεηθεῖεν
ἀνδρὸς Ἕλληνος, ἐπαγγέλλεσθαι καὶ γράφειν ἕκαστον, ὡς

doctrine des mages. Un jour Démarate de Sparte, invité par le roi
à lui demander un présent, demanda qu'il lui fût permis, la tiare
sur la tête, de se promener à cheval, comme les rois, dans les
rues de Sardes. Mithropaustès, cousin du roi, prenant la main de
Démarate : « Cette tiare, lui dit-il, n'aurait pas de cervelle à
couvrir. Tu ne serais point Jupiter, en prisses-tu la foudre. » Irrité
contre Démarate à cause de cette demande, le roi l'avait repoussé
avec dureté, et il paraissait ne pouvoir se calmer. Thémistocle sol-
licita pour lui et les réconcilia. Aussi l'on dit que les rois qui suivirent, à l'époque où les Perses eurent avec la Grèce des relations
plus fréquentes, promirent dans leurs lettres, toutes les fois qu'ils
voulurent attirer un Grec auprès d'eux, de le faire plus grand

διακοῦσαι δὲ	et d'avoir entendu
καὶ τῶν λόγων μαγικῶν,	aussi les discours des-mages,
τοῦ βασιλέως κελεύσαντος..	le roi l'ayant ordonné.
Ἐπειδὴ δὲ	Mais après que
Δημάρατος ὁ Σπαρτιάτης,	Démarate le-Spartiate,
κελευσθεὶς	ayant été invité
αἰτήσασθαι δωρεὰν,	à demander un présent,
ἠτήσατο	demanda
ἐπαράμενος τὴν κίταριν,	ayant pris la tiare,
ὥσπερ οἱ βασιλεῖς,	comme les rois,
εἰσελάσαι διὰ Σάρδεων,	de chevaucher à travers Sardes,
Μιθροπαύστης μὲν,	Mithropaustès,
ὢν ἀνεψιὸς βασιλέως,	étant cousin du roi,
εἶπεν,	dit,
ἀψάμενος τοῦ Δημαράτου	ayant touché (pris) Démarate
τῆς χειρός·	par la main :
« Αὕτη μὲν ἡ κίταρις	« Cette tiare
οὐκ ἔχει ἐγκέφαλον,	n'a pas de cervelle,
ὃν ἐπικαλύψει·	qu'elle recouvrira (recouvre) ;
σὺ δὲ οὐκ ἔσῃ Ζεὺς,	et toi tu ne seras pas Jupiter,
καὶ ἂν λάβῃς κεραυνόν. »	même si tu as pris la foudre. »
Τοῦ δὲ βασιλέως	Et le roi
ἀπωσαμένου τὸν Δημάρατον	ayant repoussé Démarate
ὀργῇ	avec colère
διὰ τὸ αἴτημα,	à-cause-de la demande,
καὶ δοκοῦντος ἔχειν	et paraissant être-disposé
ἀπαραιτήτως	d'une-façon-irréconciliable
πρὸς αὐτὸν,	vis-à-vis de lui,
ὁ Θεμιστοκλῆς δεηθεὶς	Thémistocle ayant prié
ἔπεισε καὶ διήλλαξε.	le persuada et le réconcilia.
Λέγεται δὲ	Et il est dit
καὶ τοὺς βασιλεῖς ὕστερον,	aussi les rois plus tard,
ἐπὶ ὧν	du-temps desquels
αἱ πράξεις Περσικαὶ	les affaires de-Perse
συνανεκράθησαν μᾶλλον	furent mêlées davantage
ταῖς Ἑλληνικαῖς,	aux *affaires* de-Grèce,
ὁσάκις δεηθεῖεν	toutes-les-fois qu'ils avaient-besoin
ἀνδρὸς Ἕλληνος,	d'un homme grec,
ἐπαγγέλλεσθαι	promettre
καὶ γράφειν ἕκαστον,	et écrire chacun,

μείζων ἔσοιτο παρ' αὐτῷ Θεμιστοκλέους. Αὐτὸν δὲ Θεμιστοκλέα
φασὶν, ἤδη μέγαν ὄντα καὶ θεραπευόμενον ὑπὸ πολλῶν, λαμ-
πρᾶς ποτε τραπέζης παρατεθείσης, πρὸς τοὺς παῖδας εἰπεῖν·
« Ὦ παῖδες, ἀπωλόμεθα ἂν, εἰ μὴ ἀπωλόμεθα. » Πόλεις δ'
αὐτῷ τρεῖς μὲν οἱ πλεῖστοι δοθῆναι λέγουσιν εἰς ἄρτον καὶ οἶνον
καὶ ὄψον, Μαγνησίαν καὶ Λάμψακον καὶ Μυοῦντα[1]· δύο δ' ἄλλας
προστίθησιν ὁ Κυζικηνὸς Νεάνθης καὶ Φανίας, Περκώτην καὶ
Παλαίσκηψιν εἰς στρωμνὴν καὶ ἀμπεχόνην.

XXX. Καταβαίνοντι δ' αὐτῷ πρὸς τὰς Ἑλληνικὰς πράξεις
ἐπὶ θάλατταν, Πέρσης ἀνὴρ, Ἐπιξύης ὄνομα, σατραπεύων τῆς
ἄνω Φρυγίας, ἐπεβούλευσε, παρεσκευακὼς ἔκπαλαι Πισίδας
ἀποκτενοῦντας, ὅταν ἐν τῇ καλουμένῃ πόλει Λεοντοκεφάλῳ
γενόμενος καταυλισθῇ. Τῷ δὲ λέγεται καθεύδοντι μεσημβρίας
τὴν Μητέρα τῶν θεῶν ὄναρ φανεῖσαν εἰπεῖν· « Ὦ Θεμιστο-

que n'avait été Thémistocle. Quant à Thémistocle, on prétend
qu'au milieu de sa grandeur et de l'empressement général, il dit
à ses enfants, en voyant sa table magnifiquement servie : « O mes
enfants, nous étions perdus si nous n'avions pas été perdus! » La
plupart des auteurs racontent que le roi lui donna trois villes pour
le pain, le vin et la bonne chère, Magnésie, Lampsaque et
Myonte. Néanthès de Cyzique et Phanias en ajoutent deux autres,
Percote et Palæskepsis, pour le mobilier et les vêtements.

XXX. Il descendait vers la mer pour les affaires de la Grèce, lorsqu'un Perse, nommé Épixyès, satrape de la haute Phrygie, lui
dressa des embûches et aposta de longue main des Pisidiens pour
le tuer pendant la nuit qu'il passerait dans la ville de Léontocé-
phale. On dit que Thémistocle dormait vers midi, quand la Mère
des dieux lui apparut en songe et lui dit : « Thémistocle, évite la

ὡς ἔσοιτο μείζων παρὰ αὐτῷ | qu'il serait plus grand auprès de lui
Θεμιστοκλέους. | que Thémistocle.
Φασὶ δὲ Θεμιστοκλέα αὐτὸν. | Et on dit Thémistocle lui-même,
ὄντα ἤδη μέγαν | étant déjà grand
καὶ θεραπευόμενον ὑπὸ πολλῶν, | et courtisé par de nombreux,
τραπέζης λαμπρᾶς ποτε | une table brillante un jour
παρατεθείσης, | ayant été servie,
εἰπεῖν πρὸς τοὺς παῖδας· | avoir dit à ses enfants :
« Ὦ παῖδες, | « Ô enfants,
ἀπωλόμεθα ἂν, | nous aurions été perdus,
εἰ μὴ ἀπωλόμεθα. » | si nous n'avions été perdus. »
Οἱ δὲ πλεῖστοι λέγουσι | Et la plupart disent
τρεῖς πόλεις δοθῆναι αὐτῷ | trois villes avoir été données à lui
εἰς ἄρτον καὶ οἶνον καὶ ὄψον, | pour le pain et le vin et les mets,
Μαγνησίαν καὶ Λάμψακον | Magnésie et Lampsaque
καὶ Μυοῦντα· | et Myonte ;
Νεάνθης δὲ ὁ Κυζικηνὸς | mais Néanthès de-Cyzique
καὶ Φανίας | et Phanias
προστίθησι δύο ἄλλας, | *en* ajoute deux autres,
Περκώτην καὶ Παλαίσκηψιν | Percote et Palæskepsis
εἰς στρωμνὴν καὶ ἀμπεχόνην. | pour le mobilier et le vêtement.
   XXX. Αὐτῷ δὲ καταβαίνοντι | XXX. Mais à lui descendant
ἐπὶ θάλατταν | vers la mer
πρὸς τὰς πράξεις Ἑλληνικὰς, | pour les affaires de-Grèce,
ἀνὴρ Πέρσης, | un homme perse,
Ἐπιξύης ὄνομα, | Épixyès de nom,
σατραπεύων | étant-satrape
τῆς Φρυγίας ἄνω, | de la Phrygie d'en haut,
ἐπεβούλευσε, | tendit-des-embûches,
παρεσκευακὼς ἔκπαλαι | ayant aposté depuis-longtemps
Πισίδας ἀποκτενοῦντας, | des Pisidiens devant *le* tuer,
ὅταν γενόμενος | lorsque s'étant trouvé
ἐν τῇ πόλει | dans la ville
καλουμένῃ Λεοντοκεφάλῳ. | appelée Léontocéphale
καταυλισθῇ. | il y coucherait.
Λέγεται δὲ | Mais il est dit
τὴν Μητέρα τῶν θεῶν | la Mère des dieux
φανεῖσαν ὄναρ τῷ | ayant apparu en songe à lui
καθεύδοντι μεσημβρίας | dormant au-milieu-du-jour
εἰπεῖν· | *lui* avoir dit :

κλεις, ὑστέρει κεφαλῆς λεόντων, ἵνα μὴ λέοντι περιπέσῃς. Ἐγὼ
δ᾽ ἀντὶ τούτου σε αἰτῶ θεράπαιναν Μνησιπτολέμαν. » Διαταραχθεὶς οὖν ὁ Θεμιστοκλῆς, προσευξάμενος τῇ θεῷ, τὴν μὲν
λεωφόρον ἀφῆκεν, ἑτέρᾳ δὲ περιελθὼν, καὶ παραλλάξας τὸν
τόπον ἐκεῖνον, ἤδη νυκτὸς οὔσης κατηυλίσατο. Τῶν δὲ τὴν
σκηνὴν κομιζόντων ὑποζυγίων ἑνὸς εἰς ποταμὸν ἐμπεσόντος, οἱ
τοῦ Θεμιστοκλέους οἰκέται τὰς αὐλαίας διαβρόχους γενομένας
ἐκπετάσαντες ἀνέψυχον· οἱ δὲ Πισίδαι τὰ ξίφη λαβόντες ἐν
τούτῳ προσεφέροντο, καὶ τὰ ψυχόμενα πρὸς τὴν σελήνην οὐκ
ἀκριβῶς ἰδόντες, ᾠήθησαν εἶναι τὴν σκηνὴν τὴν Θεμιστοκλέους,
κἀκεῖνον ἔνδον εὑρήσειν ἀναπαυόμενον. Ὡς δ᾽ ἐγγὺς γενόμενοι
τὴν αὐλαίαν ἀνέστελλον, ἐπιπίπτουσιν αὐτοῖς οἱ παραφυλάσσοντες, καὶ συλλαμβάνουσι. Διαφυγὼν δὲ τὸν κίνδυνον οὕτω,

tête des lions, de peur de tomber aux griffes d'un lion. Je te demande pour prix de cet avis les services de ta fille Mnésiptoléma. »
Thémistocle s'éveille tout troublé, fait une prière à la déesse,
quitte le grand chemin, prend un détour pour éviter l'endroit fa-
tal et ne s'arrête qu'à la nuit close. Une des bêtes de somme qui
portaient la tente étant tombée dans la rivière, les gens de Thémistocle étalent les tapisseries mouillées pour les faire sécher. Cependant
les Pisidiens, l'épée en main, accourent au campement; et, ne
distinguant pas bien, aux rayons de la lune, les tentures qui sè-
chent, ils les prennent pour la tente de Témistocle et comptent
bien l'y trouver endormi. Arrivés tout près, ils soulevaient la tapisserie, lorsque ceux qui faisaient le guet tombent dessus et les font

α Ὦ Θεμιστόκλεις,
ὑστέρει
κεφαλῆς λεόντων,
ἵνα μὴ περιπέσῃς
λέοντι.
Ἐγὼ δὲ ἀντὶ τούτου
αἰτῶ σε Μνησιπτολέμαν
θεράπαιναν. »
Ὁ Θεμιστοκλῆς οὖν
διαταραχθεὶς,
προσευξάμενος τῇ θεῷ,
ἀφῆκε μὲν
τὴν λεωφόρον,
περιελθὼν δὲ ἑτέρᾳ,
καὶ παραλλάξας
ἐκεῖνον τὸν τόπον,
νυκτὸς οὔσης ἤδη,
κατηυλίσατο.
Ἑνὸς δὲ τῶν ὑποζυγίων
κομιζόντων τὴν σκηνὴν
ἐμπεσόντος εἰς ποταμὸν,
οἱ οἰκέται τοῦ Θεμιστοκλέους
ἐκπετάσαντες τὰς αὐλαίας
γενομένας διαβρόχους
ἀνέψυχον ·
οἱ δὲ Πισίδαι
λαβόντες τὰ ξίφη
προσεφέροντο ἐν τούτῳ,
καὶ οὐκ ἰδόντες ἀκριβῶς
πρὸς τὴν σελήνην
τὰ ψυχόμενα,
ᾠήθησαν εἶναι
τὴν σκηνὴν τὴν Θεμιστοκλέους,
καὶ εὑρήσειν ἔνδον
ἐκεῖνον ἀναπαυόμενον·
Ὡς δὲ γενόμενοι ἐγγὺς
ἀνέστελλον τὴν αὐλαίαν,
οἱ παραφυλάσσοντες
ἐπιπίπτουσιν αὐτοῖς
καὶ συλλαμβάνουσι.

α O Thémistocle,
reste-en-arrière-de (évite)
la tête des lions,
afin que tu ne tombes pas
sur un lion.
Et moi en-échange-de cela
je demande à toi Mnésiptolème
pour servante (prêtresse). »
Thémistocle donc
ayant été fort-troublé,
ayant prié la déesse,
quitta   [grande route)
la *route* qui-porte-le-peuple (la
et ayant fait-un-détour par l'autre,
et ayant dépassé
ce lieu-là,
la nuit étant déjà,
il fit-halte.
Mais une des bêtes-de-somme
qui portaient la tente
étant tombée dans la rivière,
les serviteurs de Thémistocle
ayant étendu les tapisseries
devenues toutes-mouillées
les faisaient-sécher;
mais les Pisidiens
ayant pris *leurs* épées
assaillirent en ce *moment*,
et n'ayant pas vu exactement
à la *clarté de la* lune
les *tapis* qui séchaient,
ils crurent être (que c'était)
la tente de Thémistocle,
et devoir trouver dedans
celui-là se reposant.
Mais comme ayant été auprès
ils soulevaient la tapisserie,
ceux qui faisaient-le-guet
tombent-sur eux
et *les* saisissent.

καὶ θαυμάσας τὴν ἐπιφάνειαν τῆς θεοῦ, ναὸν κατεσκεύασεν ἐν
Μαγνησίᾳ Δινδυμένης[1], καὶ τὴν θυγατέρα Μνησιπτολέμαν ἱέρειαν
ἀπέδειξεν.

XXXI. Ὡς δ᾽ ἦλθεν εἰς Σάρδεις, καὶ σχολὴν ἄγων ἐθεάσατο τῶν ἱερῶν τὴν κατασκευὴν, καὶ τῶν ἀναθημάτων τὸ
πλῆθος, εἶδε δὲ καὶ ἐν Μητρὸς ἱερῷ τὴν καλουμένην ὑδροφόρον
κόρην, χαλκῆν, μέγεθος δίπηχυν, ἣν αὐτὸς, ὅτε τῶν Ἀθήνησιν
ὑδάτων ἐπιστάτης ἦν, εὑρὼν τοὺς ὑφῃρημένους τὸ ὕδωρ καὶ παροχετεύσαντας, ἀνέθηκεν ἐκ τῆς ζημίας ποιησάμενος, εἴτε δὴ παθών τι πρὸς τὴν αἰχμαλωσίαν τοῦ ἀναθήματος, εἴτε βουλόμενος
ἐνδείξασθαι τοῖς Ἀθηναίοις, ὅσην ἔχει τιμὴν καὶ δύναμιν ἐν
τοῖς βασιλέως πράγμασι, λόγον τῷ Λυδίας σατράπῃ προσήνεγκεν,

prisonniers. Échappé ainsi au danger, Thémistocle, émerveillé de
l'apparition de la déesse, bâtit à Magnésie un temple à Dindy-
mène et en institua prêtresse sa fille Mnésiptoléma.

XXXI. Venu à Sardes et se trouvant de loisir, il visitait les temples,
qui sont magnifiques, et il examinait la multitude des offrandes,
quand il aperçut dans le temple de la Mère des dieux la statue
d'airain, appelée la jeune fille hydrophore. C'était une statue de
deux coudées, que lui-même avait fait faire, lorsqu'il était inten-
dant des eaux à Athènes, du produit des amendes infligées à qui-
conque était pris à détourner l'eau publique dans les canaux particuliers, et qu'il avait consacrée dans un temple. Soit qu'il souffrît
de voir son offrande ainsi prisonnière, soit qu'il voulût se prévaloir
aux yeux des Athéniens de l'honneur et du crédit dont il jouissait
auprès du roi, il parla de la statue au satrape de Lydie, et lui

Διαφυγὼν δὲ οὕτω   Mais ayant évité ainsi
τὸν κίνδυνον,   le danger,
καὶ θαυμάσας   et ayant admiré
τὴν ἐπιφάνειαν τῆς θεοῦ,   l'apparition de la déesse,
κατεσκεύασεν ἐν Μαγνησίᾳ   il bâtit à Magnésie
ναὸν Δινδυμένης,   un temple de la *déesse* de-Dindyme,
καὶ ἀπέδειξεν ἱέρειαν   et *en* fit prêtresse
τὴν θυγατέρα Μνησιπτολέμαν.   sa fille Mnésiptoléma.

  XXXI. Ὡς δὲ ἦλθεν   XXXI. Mais comme il fut venu
εἰς Σάρδεις,   à Sardes,
καὶ ἄγων σχολὴν   et que menant loisir (ayant du loisir)
ἐθεάσατο   il examina
τὴν κατασκευὴν τῶν ἱερῶν,   la disposition des temples,
καὶ τὸ πλῆθος   et la multitude
τῶν ἀναθημάτων,   des offrandes,
εἶδε δὲ καὶ   et qu'il eut vu aussi
ἐν ἱερῷ Μητρὸς   dans le temple de la Mère
τὴν κόρην   la jeune-fille
καλουμένην ὑδροφόρον,   appelée hydrophore,
χαλκῆν,   d'-airain,
δίπηχυν μέγεθος,   de-deux-coudées en grandeur,
ἦν αὐτὸς,   que lui-même,
ὅτε ἦν ἐπιστάτης τῶν ὑδάτων   lorsqu'il était inspecteur des eaux
Ἀθήνησιν,   à Athènes,
εὑρὼν   ayant découvert
τοὺς ὑφῃρημένους τὸ ὕδωρ   ceux qui avaient soustrait l'eau
καὶ παροχετεύσαντας,   et *l'*avaient détournée-par-des-sai-
ἀνέθηκε   avait consacrée   [gnées,
ποιησάμενος ἐκ τῆς ζημίας,   *l'*ayant fait-faire avec l'amende,
εἴτε δὴ   soit certes
παθών τι   ayant éprouvé quelque chose
πρὸς τὴν αἰχμαλωσίαν   à-la-vue-de la captivité
τοῦ ἀναθήματος,   de l'offrande,
εἴτε βουλόμενος   soit voulant
ἐνδείξασθαι τοῖς Ἀθηναίοις   montrer aux Athéniens
ὅσην τιμὴν καὶ δύναμιν   quel-grand honneur et pouvoir
ἔχει   il a
ἐν τοῖς πράγμασι βασιλέως,   dans les affaires du roi,
προσήνεγκε λόγον   il adressa une proposition
τῷ σατράπῃ Λυδίας,   au satrape de Lydie,

αἰτούμενος ἀποστεῖλαι τὴν κόρην εἰς τὰς Ἀθήνας. Χαλεπαί-
νοντος δὲ τοῦ βαρβάρου, καὶ βασιλεῖ γράφειν φήσαντος ἐπιστο-
λὴν, φοβηθεὶς ὁ Θεμιστοκλῆς εἰς τὴν γυναικωνῖτιν κατέφυγε,
καὶ τὰς παλλακίδας αὐτοῦ θεραπεύσας χρήμασιν, ἐκεῖνόν τε
κατεπράϋνε τῆς ὀργῆς, καὶ πρὸς τὰ ἄλλα παρεῖχεν ἑαυτὸν εὐλα-
βέστερον, ἤδη καὶ τὸν φθόνον τῶν βαρβάρων δεδοικώς. Οὐ γὰρ
πλανώμενος περὶ τὴν Ἀσίαν, ὥς φησι Θεόπομπος, ἀλλ᾽ ἐν
Μαγνησίᾳ μὲν οἰκῶν, καρπούμενος δὲ δωρεὰς μεγάλας, καὶ τι-
μώμενος ὅμοια Περσῶν τοῖς ἀρίστοις, ἐπὶ πολὺν χρόνον ἀδεῶς
διῆγεν, οὐ πάνυ τι τοῖς Ἑλληνικοῖς πράγμασι προσέχοντος τοῦ
βασιλέως ὑπ᾽ ἀσχολιῶν περὶ τὰς ἄνω πράξεις. Ὡς δ᾽ Αἴγυπτός
τε ἀφισταμένη, βοηθούντων Ἀθηναίων, καὶ τριήρεις Ἑλληνικαὶ
μέχρι Κύπρου καὶ Κιλικίας ἀναπλεύσασαι, καὶ Κίμων θαλατ-

demanda la permission de la renvoyer à Athènes. Le barbare se
fâche, il dit qu'il va en écrire au roi. Thémistocle, effrayé, recourt au gynécée et se concilie, à prix d'argent, les maîtresses
du satrape. Celui-ci se laisse apaiser; mais ce fut pour Thémistocle une leçon d'être à l'avenir plus circonspect et de craindre la
jalousie des barbares. Il ne parcourut donc point le reste de l'Asie,
comme le dit Théopompe, mais il se fixa à Magnésie, où il re-
cueillait d'immenses présents et recevait les mêmes honneurs que
les grands de Perse. Il y vécut longtemps paisible, le roi n'ayant
aucunement le temps de songer aux affaires de la Grèce, en raison
des embarras qu'il avait dans les hauts pays. Mais la révolte de
l'Égypte soutenue par les Athéniens, les progrès de la flotte grecque, qui entre dans les eaux de Cypre et de la Cilicie, enfin la

αἰτούμενος	demandant
ἀποστεῖλαι τὴν κόρην	d'envoyer la jeune-fille
εἰς τὰς Ἀθήνας.	à Athènes.
Τοῦ δὲ βαρβάρου χαλεπαίνοντος,	Et le barbare se fâchant,
καὶ φήσαντος	et ayant dit
γράψειν ἐπιστολὴν βασιλεῖ,	devoir écrire une lettre au roi,
ὁ Θεμιστοκλῆς φοβηθεὶς	Thémistocle ayant craint
κατέφυγεν εἰς τὴν γυναικωνῖτιν,	se réfugia dans le gynécée,
καὶ θεραπεύσας χρήμασι	et ayant gagné par de l'argent
τὰς παλλακίδας αὐτοῦ,	les concubines de lui,
κατεπράϋνέ τε ἐκεῖνον	et adoucit celui-là
τῆς ὀργῆς,	de sa colère,
καὶ παρεῖχεν ἑαυτὸν	et rendit lui-même
εὐλαβέστερον	plus circonspect
πρὸς τὰ ἄλλα,	pour les autres choses,
ἤδη δεδοικὼς	dès-lors craignant
καὶ τὸν φθόνον τῶν βαρβάρων.	aussi la haine des barbares.
Οὐ γὰρ πλανώμενος	Car non pas errant
περὶ τὴν Ἀσίαν,	dans l'Asie,
ὥς φησι Θεόπομπος,	comme dit Théopompe,
ἀλλὰ οἰκῶν μὲν ἐν Μαγνησίᾳ,	mais habitant dans Magnésie,
καρπούμενος δὲ	et recueillant
μεγάλας δωρεάς,	de grands présents,
καὶ τιμώμενος	et étant honoré
ὅμοια τοῖς ἀρίστοις	semblablement aux premiers
Περσῶν,	des Perses,
διῆγεν ἀδεῶς	il vécut sans-crainte
ἐπὶ χρόνον πολὺν,	jusqu'à un temps considérable,
τοῦ βασιλέως	le roi
οὐ προσέχοντος πάνυ τι	ne faisant-pas-attention beaucoup
τοῖς πράγμασιν Ἑλληνικοῖς	aux affaires de-Grèce
ὑπὸ ἀσχολιῶν	à-cause-de *ses* occupations
περὶ τὰς πράξεις	autour des affaires
ἄνω.	d'en-haut (de la haute Asie).
Ὡς δὲ Αἴγυπτός τε	Mais lorsque et l'Égypte
ἀφισταμένη,	se soulevant,
Ἀθηναίων βοηθούντων,	les Athéniens portant-secours,
καὶ τριήρεις Ἑλληνικαὶ	et des galères grecques
ἀναπλεύσασαι	ayant navigué
μέχρι Κύπρου καὶ Κιλικίας,	jusqu'à Cypre et la Cilicie,

τοκρατῶν ἐπέστρεψεν αὐτὸν ἀντεπιχειρεῖν τοῖς Ἕλλησι, καὶ
κωλύειν αὐξανομένους ἐπ' αὐτὸν, ἤδη δὲ καὶ δυνάμεις ἐκινοῦντο
καὶ στρατηγοὶ διεπέμποντο, καὶ κατέβαινον εἰς Μαγνησίαν
ἀγγελίαι πρὸς Θεμιστοκλέα, τῶν Ἑλληνικῶν ἐξάπτεσθαι κε-
λεύοντος βασιλέως, καὶ βεβαιοῦν τὰς ὑποσχέσεις, οὔτε δι' ὀργήν τινα παροξυνθεὶς κατὰ τῶν πολιτῶν, οὔτε ἐπαρθεὶς τιμῇ
τοσαύτῃ καὶ δυνάμει πρὸς τὸν πόλεμον, ἀλλ' ἴσως μὲν οὐκ
ἐφικτὸν ἡγούμενος τὸ ἔργον, ἄλλως τε μεγάλους τῆς Ἑλλάδος
ἐχούσης στρατηγοὺς τότε, καὶ Κίμωνος ὑπερφυῶς εὐημεροῦντος
ἐν τοῖς Ἑλληνικοῖς, τὸ δὲ πλεῖστον, αἰδοῖ τῆς τε δόξης τῶν
πράξεων ἑαυτοῦ καὶ τῶν τροπαίων ἐκείνων, ἄριστα βουλευσά-
μενος ἐπιθεῖναι τῷ βίῳ τὴν τελευτὴν πρέπουσαν, ἔθυσε τοῖς
θεοῖς, καὶ τοὺς φίλους συναγαγὼν καὶ δεξιωσάμενος, ὡς μὲν ὁ

domination de la mer par Cimon, tournent sa pensée du côté des
Grecs, et il songe à arrêter un accroissement dirigé contre lui.
Déjà ses troupes se mettent en mouvement, et les généraux sont
envoyés à leur poste. Des courriers sont expédiés à Magnésie auprès de Thémistocle, et lui portent, au nom du roi, l'ordre de
prendre en main le commandement de l'expédition contre les Grecs
et d'accomplir ses promesses. Mais la colère contre ses compatriotes
s'est calmée dans son cœur : il ne se sent plus entraîner à la
guerre par l'idée de tant de gloire et de puissance. Peut-être même
croit-il le succès impossible, la Grèce ayant alors plus d'un grand
général, Cimon surtout, singulièrement heureux dans tout ce
qu'il fait pour les Grecs. Mais le motif le plus puissant, c'est la
honte qui va flétrir sa gloire, ses exploits et ses immortels tro-
phées. Il forme donc le généreux dessein de couronner sa vie par
une fin digne de lui. Il sacrifie aux dieux, rassemble ses amis,
leur serre la main, et, suivant la tradition la plus répandue, boit

καὶ Κίμων θαλαττοκρατῶν | et Cimon étant-maître-de-la-mer
ἐπέστρεψεν αὐτὸν | eut (eurent) attiré lui
ἀντεπιχειρεῖν τοῖς Ἕλλησι, | à-attaquer-en-revanche les Grecs,
καὶ κωλύειν | et à réprimer eux
αὐξανομένους ἐπὶ αὐτὸν, | qui grandissaient contre lui,
ἤδη δὲ | et que déjà
καὶ δυνάμεις | et des troupes
ἐκινοῦντο | étaient mises-en-mouvement
καὶ στρατηγοὶ | et des généraux
διεπέμποντο, | étaient envoyés-de-divers-côtés,
καὶ ἀγγελίαι | et que des messages
κατέβαινον εἰς Μαγνησίαν | descendaient à Magnésie
πρὸς Θεμιστοκλέα, | vers Thémistocle,
βασιλέως κελεύοντος | le roi lui ordonnant   [grecques,
ἐξάπτεσθαι τῶν Ἑλληνικῶν, | de mettre-la-main aux affaires
καὶ βεβαιοῦν τὰς ὑποσχέσεις, | et d'accomplir ses promesses,
οὔτε παροξυνθεὶς | et n'ayant pas été aigri
διά τινα ὀργὴν | par quelque colère
κατὰ τῶν πολιτῶν, | contre ses citoyens,
οὔτε ἐπαρθεὶς | et n'ayant pas été excité
πρὸς τὸν πόλεμον | à la guerre
τοσαύτη τιμῇ καὶ δυνάμει, | par un si-grand honneur et pouvoir,
ἀλλὰ ἴσως μὲν ἡγούμενος | mais peut-être estimant
τὸ ἔργον οὐκ ἐφικτὸν, | l'œuvre n'être pas abordable,
ἄλλως τε | et autrement encore (et surtout)
τῆς Ἑλλάδος ἐχούσης τότε | la Grèce ayant alors
μεγάλους στρατηγούς, | de grands généraux,
καὶ Κίμωνος | et Cimon
εὐημεροῦντος ὑπερφυῶς | réussissant merveilleusement
ἐν τοῖς Ἑλληνικοῖς, | dans les affaires grecques,
τὸ δὲ πλεῖστον, | mais le plus (par-dessus tout),
αἰδοῖ τῆς τε δόξης | par respect et de la gloire
τῶν πράξεων ἑαυτοῦ | des actions de lui-même,
καὶ ἐκείνων τῶν τροπαίων, | et de ces beaux trophées,
βουλευσάμενος ἄριστα | ayant résolu excellemment
ἐπιθεῖναι τῷ βίῳ | de mettre à sa vie
τὴν τελευτὴν πρέπουσαν, | la fin convenable,
ἔθυσε τοῖς θεοῖς, | il sacrifia aux dieux,
καὶ συναγαγὼν τοὺς φίλους | et ayant rassemblé ses amis
καὶ δεξιωσάμενος, | et leur ayant serré-la-main,

πολὺς λόγος, αἷμα ταύρειον πιὼν, ὡς δ' ἔνιοι[1], φάρμακον ἐφή-
μερον προσενεγκάμενος, ἐν Μαγνησίᾳ κατέστρεψε, πέντε πρὸς
τοῖς ἑξήκοντα βεβιωκὼς ἔτη, καὶ τὰ πλεῖστα τούτων ἐν πολι-
τείαις καὶ ἡγεμονίαις. Τὴν δ' αἰτίαν τοῦ θανάτου καὶ τὸν τρόπον
πυθόμενον βασιλέα λέγουσιν ἔτι μᾶλλον θαυμάσαι τὸν ἄνδρα,
καὶ τοῖς φίλοις αὐτοῦ καὶ οἰκείοις χρώμενον διατελεῖν φιλαν-
θρώπως.

XXXII. Ἀπέλιπε δὲ Θεμιστοκλῆς παῖδας, ἐκ μὲν Ἀρχίππης
τῆς Λυσάνδρου τοῦ Ἀλωπεκῆθεν, Ἀρχέπτολιν, καὶ Πολύευκτον,
καὶ Κλεόφαντον, οὗ καὶ Πλάτων ὁ φιλόσοφος[2] ὡς ἱππέως ἀρί-
στου, τἄλλα δ' οὐδενὸς ἀξίου γενομένου, μνημονεύει. Τῶν δὲ
πρεσβυτάτων, Νεοκλῆς μὲν, ἔτι παῖς ὢν, ὑφ' ἵππου δηχθεὶς
ἀπέθανε, Διοκλέα δὲ Λύσανδρος ὁ πάππος υἱὸν ἐποιήσατο. Θυ-
γατέρας δὲ πλείους ἔσχεν, ὧν Μνησιπτολέμαν μὲν, ἐκ τῆς ἐπι-

du sang de taureau, ou, selon d'autres, un poison très-actif. C'est
ainsi qu'il mourut à Magnésie, âgé de soixante-cinq ans, après
une vie passée presque tout entière dans les affaires publiques et
dans les commandements. En apprenant la cause et le genre de la
mort de Thémistocle, le roi sentit redoubler son admiration pour
ce grand homme, et il ne cessa de traiter avec bonté ses amis et
sa famille.

XXXII. Thémistocle laissa trois fils d'Archippe, fille de Lysandre,
du dème d'Alopèce, Archéptolis, Polyeucte et Cléophante. Platon le
philosophe parle de ce dernier comme d'un habile écuyer, mais
d'ailleurs sans nul autre mérite. Deux autres étaient plus âgés :
Néoclès qui mourut, jeune encore, d'une morsure de cheval, et
Dioclès, adopté par Lysandre, son grand-père. Il eut aussi plusieurs filles : Mnésiptoléma, née d'un second mariage, qu'épousa

ὡς μὲν ὁ λόγος πολὺς,	comme *dit* la tradition répandue,
πιὼν αἷμα ταύρειον,	ayant bu du sang de-taureau,
ὡς δὲ ἔνιοι,	mais comme quelques-uns *disent*,
προσενεγκάμενος φάρμακον	ayant pris du poison
ἐφήμερον,	qui-agit-le-jour-même (actif),
κατέστρεψεν ἐν Μαγνησίᾳ,	il mourut à Magnésie,
βεβιωκὼς πέντε ἔτη	ayant vécu cinq ans
πρὸς τοῖς ἑξήκοντα,	outre les soixante,
καὶ τὰ πλεῖστα τούτων	et la plupart de ces *années*
ἐν πολιτείαις	dans des gouvernements
καὶ ἡγεμονίαις.	et des commandements.
Λέγουσι δὲ βασιλέα	Mais on dit le roi
πυθόμενον τὴν αἰτίαν	ayant appris la cause
καὶ τὸν τρόπον τοῦ θανάτου	et le genre de sa mort
θαυμάσαι τὸν ἄνδρα	avoir admiré l'homme
ἔτι μᾶλλον,	encore davantage,
καὶ διατελεῖν	et continuer
χρώμενον φιλανθρώπως	traitant (à traiter) avec-bonté
τοῖς φίλοις	les amis
καὶ οἰκείοις αὐτοῦ.	et les parents de lui.
XXXII. Θεμιστοκλῆς δὲ	XXXII. Mais Thémistocle
ἀπέλιπε παῖδας,	laissa des fils,
ἐκ μὲν Ἀρχίππης	d'Archippe
τῆς Λυσάνδρου	la *fille* de Lysandre
τοῦ Ἀλωπεκῆθεν,	celui d'Alopèce,
Ἀρχέπτολιν,	Archéptolis,
καὶ Πολύευκτον,	et Polyeucte,
καὶ Κλεόφαντον,	et Cléophante,
οὗ καὶ Πλάτων ὁ φιλόσοφος	duquel aussi Platon le philosophe
μνημονεύει	fait-mention
ὡς ἱππέως ἀρίστου,	comme d'un cavalier excellent,
τὰ δὲ ἄλλα	mais pour le reste
γενομένου ἀξίου οὐδενός.	n'ayant été digne de rien.
Τῶν δὲ πρεσβυτάτων,	Mais des aînés,
Νεοκλῆς μὲν, ὢν ἔτι παῖς,	Néoclès, étant encore enfant,
δηχθεὶς ὑπὸ ἵππου	ayant été mordu par un cheval
ἀπέθανεν,	mourut,
ὁ δὲ πάππος Λύσανδρος	et le grand-père Lysandre
ἐποιήσατο υἱὸν Διοκλέα.	prit-pour-fils (adopta) Dioclès.
Ἔσχε δὲ πλείους θυγατέρας,	Et il eut plusieurs filles,

γαμηθείσης γενομένην, Ἀρχέπτολις ὁ ἀδελφὸς, οὐκ ὢν ὁμο-
μήτριος, ἔγημεν, Ἰταλίαν δὲ Πανθοίδης ὁ Χῖος, Σύβαριν δὲ
Νικομήδης Ἀθηναῖος· Νικομάχην δὲ Φρασικλῆς ὁ ἀδελφιδοῦς
Θεμιστοκλέους, ἤδη τετελευτηκότος ἐκείνου, πλεύσας εἰς Μαγνησίαν, ἔλαβε παρὰ τῶν ἀδελφῶν, νεωτάτην δὲ πάντων τῶν
τέκνων Ἀσίαν ἔθρεψε. Καὶ τάφον μὲν αὐτοῦ λαμπρὸν ἐν τῇ ἀγορᾷ
Μάγνητες ἔχουσι[1]· περὶ δὲ τῶν λειψάνων οὔτ' Ἀνδοκίδῃ[2] προσ-
έχειν ἄξιον, ἐν τῷ Πρὸς τοὺς ἑταίρους λέγοντι, φωράσαντας τὰ
λείψανα διαῤῥίψαι τοὺς Ἀθηναίους (ψεύδεται γὰρ, ἐπὶ τὸν δῆμον παροξύνων τοὺς ὀλιγαρχικούς), ὅ τε Φύλαρχος, ὥσπερ ἐν
τραγῳδίᾳ τῇ ἱστορίᾳ μονονοὺ μηχανὴν ἄρας, καὶ προαγαγὼν
Νεοκλέα τινὰ καὶ Δημόπολιν, υἱοὺς Θεμιστοκλέους, ἀγῶνα
βούλεται κινεῖν καὶ πάθος, ὃ οὐδ' ἂν ὁ τυχὼν ἀγνοήσειεν, ὅτι

Archéptolis, son frère, fils d'une autre mère; Italie, femme de
Panthéidès de Chios; Sybaris, femme de Nicomède, Athénien;
Nicomaque, que, après la mort de son père, ses frères donnèrent
à Phrasiclès, fils d'un frère de Thémistocle, venu d'Athènes à
Magnésie, et qui éleva la plus jeune de tous les enfants de Thémistocle, Asia. On voit encore sur la place publique de Magnésie
le splendide tombeau de Thémistocle. Pour ses restes, il ne faut
pas croire ce qu'en dit Andocide qui prétend, dans son Discours
à ses amis, que les Athéniens les déterrèrent et les jetèrent au
vent. C'est un mensonge inventé pour irriter les nobles contre le
peuple. Phylarque, transformant son histoire en tragédie, y monte
une espèce de machine, et fait intervenir je ne sais quels Néoclès
et Démopolis, fils de Thémistocle, dans l'intention d'exciter la

ὦν Ἀρχέπτολις ὁ ἀδελφός, | desquelles Archéptolis son frère,
οὐκ ὦν ὁμομήτριος, | n'étant pas de-la-même-mère,
ἔγημε Μνησιπτολέμαν μὲν, | épousa Mnésiptolème,
γενομένην | née   [noces,
ἐκ τῆς ἐπιγαμηθείσης, | de la *femme* épousée-en-secondes-
Πανθοίδης δὲ ὁ Χῖος | et Panthoïdès de-Chios
Ἰταλίαν, | *épousa* Italie,
Νικομήδης δὲ Ἀθηναῖος | et Nicomède d'-Athènes
Σύβαριν· | *épousa* Sybaris ;
Φρασικλῆς δὲ, | et Phrasiclès,
ὁ ἀδελφιδοῦς Θεμιστοκλέους, | le neveu de Thémistocle,
ἐκείνου τετελευτηκότος ἤδη, | celui-là étant mort déjà,
πλεύσας εἰς Μαγνησίαν, | ayant fait-voile vers Magnésie,
ἔλαβε Νικομάχην | reçut Nicomaque
παρὰ τῶν ἀδελφῶν, | de ses frères,
ἔθρεψε δὲ Ἀσίαν | et il éleva Asia
νεωτάτην πάντων τῶν τέκνων. | la plus jeune de tous les enfants.
Καὶ Μάγνητες | Et les Magnésiens
ἔχουσι μὲν ἐν τῇ ἀγορᾷ | ont sur la place-publique
τάφον λαμπρὸν αὐτοῦ, | le tombeau magnifique de lui,
περὶ δὲ τῶν λειψάνων | et sur ses restes
οὔτε ἄξιον | et *il* n'*est* pas juste
προσέχειν Ἀνδοκίδῃ, | d'écouter Andocide,
λέγοντι ἐν τῷ | disant dans le *discours*
Πρὸς τοὺς ἑταίρους, | à *ses* amis,
τοὺς Ἀθηναίους | les Athéniens
φωράσαντας τὰ λείψανα | ayant soustrait ses restes
διαρρίψαι | *les* avoir dispersés
(ψεύδεται γὰρ, | (car il ment,
παροξύνων ἐπὶ τὸν δῆμόν | excitant contre le peuple
τοὺς ὀλιγαρχικούς), | les partisans-de-l'oligarchie),
ὅ τε Φύλαρχος, | et Philarque,
μονονοῦ ἄρας μηχανὴν | presque ayant élevé une machine
ὥσπερ ἐν τραγῳδίᾳ | comme dans la tragédie
τῇ ἱστορίᾳ, | dans l'histoire,
καὶ προαγαγὼν | et ayant fait-intervenir
τινὰ Νεοκλέα | un certain Néoclès
καὶ Δημόπολιν, | et *un certain* Démopolis,
υἱοὺς Θεμιστοκλέους, | fils de Thémistocle,
βούλεται κινεῖν ἀγῶνα | veut exciter l'émotion

πέπλασται. Διόδωρος δ' ὁ Περιηγητὴς ἐν τοῖς Περὶ τῶν μνημά-
των εἴρηκεν, ὡς ὑπονοῶν μᾶλλον ἢ γινώσκων, ὅτι περὶ τὸν
λιμένα τοῦ Πειραιῶς ἀπὸ τοῦ κατὰ τὸν Ἄλκιμον[1] ἀκρωτηρίου
πρόκειταί τις οἷον ἀγκὼν, καὶ κάμψαντι τοῦτον ἐντὸς, ᾗ τὸ
ὑπεύδιον τῆς θαλάττης, κρηπίς ἐστιν εὐμεγέθης, καὶ τὸ περὶ
αὐτὴν βωμοειδὲς τάφος τοῦ Θεμιστοκλέους. Οἴεται δὲ καὶ Πλά-
τωνα τὸν κωμικὸν αὐτῷ μαρτυρεῖν ἐν τούτοις·

Ὁ σὸς δὲ τύμβος, ἐν καλῷ κεχωσμένος,
τοῖς ἐμπόροις πρόσρησις ἔσται πανταχοῦ,
τούς τ' ἐκπλέοντας εἰσπλέοντάς τ' ὄψεται,
χὠπόταν ἅμιλλα τῶν νεῶν, θεάσεται.

Τοῖς δ' ἀπὸ γένους τοῦ Θεμιστοκλέους καὶ τιμαί τινες ἐν

pitié et de faire du pathétique; mais le premier venu peut se con-
vaincre que c'est une pure fiction. Diodore le Périégète, dans son
Traité des tombeaux, dit, plutôt par conjecture que comme un fait
positif, qu'il y a près du Pirée, en venant du promontoire d'Al-
cime, une langue de terre faisant le coude, et qu'on trouve, après
avoir doublé cette pointe, dans un endroit où la mer est toujours
calme, une base fort grande, sur laquelle s'élève, en forme d'autel, le tombeau de Thémistocle. Il croit que Platon le comique
confirme ce fait dans les vers suivants :

Ta tombe est élevée en un lieu favorable :
Pour tous les voyageurs monument vénérable,
Elle verra sortir et rentrer les vaisseaux;
Et, si quelque combat se livre sur les eaux,
Ce sera pour ton ombre un spectacle agréable.

Les descendants de Thémistocle sont encore en possession aujour-

καὶ πάθος, | et le pathétique,   [venu

ὃ οὐδὲ ὁ τυχὼν | chose que pas même le premier-

ἀγνοήσειεν ἂν | ne méconnaîtrait

ὅτι πέπλασται. | qu'elle a été (avoir été) forgée.

Διόδωρος δὲ ὁ Περιηγητὴς | Mais Diodore le Périégète

εἴρηκεν | a dit

ἐν τοῖς Περὶ τῶν μνημάτων, | dans ses *écrits* Sur les tombeaux,

ὡς ὑπονοῶν | comme conjecturant

μᾶλλον ἢ γινώσκων, | plutôt que sachant,

ὅτι περὶ τὸν λιμένα | que près du port

τοῦ Πειραιῶς | du Pirée

ἀπὸ τοῦ ἀκρωτηρίου | *en venant* du promontoire

κατὰ τὸν Ἄλκιμον | vis-à-vis d'Alcime

οἷόν τις ἀγχὼν πρόκειται, | comme un coude fait-saillie,

καὶ κάμψαντι τοῦτον | et que pour qui a doublé ce *coude*

ἐντός, | en dedans,

ᾗ τὸ ὑπεύδιον | *là où est* l'endroit calme

τῆς θαλάττης, | de la mer,

ἐστὶ κρηπὶς εὐμεγέθης, | il y a une base fort-grande,

καὶ τὸ βωμοειδὲς | et que la *construction* en-forme-

περὶ αὐτὴν | *qui est* autour d'elle   [d'autel

τάφος τοῦ Θεμιστοκλέους. | *est* le tombeau de Thémistocle.

Οἴεται δὲ | Et il croit

καὶ Πλάτωνα τὸν κωμικὸν | aussi Platon le comique

μαρτυρεῖν αὐτῷ | rendre-témoignage à lui

ἐν τούτοις· | dans ces *vers* :

« Ὁ δὲ σὸς τύμβος, | « Mais ton tombeau,

κεχωσμένος ἐν καλῷ, | élevé dans un beau *lieu*,

ἔσται πρόσρησις | sera une salutation

πανταχοῦ | partout

τοῖς ἐμπόροις, | pour les commerçants-par-mer,

ὄψεταί τε | et il verra

τούς τε ἐκπλέοντας | et ceux sortant

εἰσπλέοντάς τε, | et ceux entrant,

καὶ ὁπόταν | et lorsqu'*il y aura*

ἅμιλλα τῶν νεῶν, | combat des vaisseaux,

θεάσεται. » | il *le* contemplera. »

Τοῖς δὲ ἀπὸ γένους | Mais à ceux de la famille

τοῦ Θεμιστοκλέους | de Thémistocle

καί τινες τιμαὶ | aussi certains honneurs

Μαγνησία φυλαττόμεναι μέχρι τῶν ἡμετέρων χρόνων ἦσαν, ἃς
ἐκαρποῦτο Θεμιστοκλῆς Ἀθηναῖος, ἡμέτερος συνήθης καὶ φίλος
παρ' Ἀμμωνίῳ τῷ φιλοσόφῳ γενόμενος.

d'hui, à Magnésie, de quelques honneurs particuliers, dont jouissait Thémistocle, l'Athénien, qui fut mon camarade et mon ami à
l'école du philosophe Ammonius.

ἦσαν φυλαττόμεναι	étaient conservés
ἐν Μαγνησίᾳ	à Magnésie
· μέχρι τῶν ἡμετέρων χρόνων,	jusqu'à nos temps,
ἃς ἐκαρποῦτο	*honneurs* que recueillait
Θεμιστοκλῆς Ἀθηναῖος,	Thémistocle l'Athénien,
γενόμενος	qui a été
ἡμέτερος συνήθης καὶ φίλος	notre camarade et ami
παρὰ Ἀμμωνίῳ τῷ φιλοσόφῳ.	chez Ammonius le philosophe.

NOTES

SUR LA VIE DE THÉMISTOCLE.

—

Page 4 : 1. « Ce bourg était sur le rivage de la mer, près du Pirée, et on lui avait donné son nom d'un *puits* remarquable par cette singularité. Ceux qui avaient été exilés pour quelque meurtre involontaire, et qui, avant que d'être rappelés, étaient accusés d'en avoir commis volontairement un nouveau, devaient aller se justifier devant des juges assis près de ce puits; mais comme des bannis ne pouvaient pas mettre le pied dans l'Attique, et que cependant il n'était juste ni de laisser un nouveau crime impuni, ni de le punir sans entendre le coupable, on trouva ce milieu de faire venir les accusés et on leur permettait de parler à leurs juges sans sortir du vaisseau. Ainsi ils se représentaient, et, sans violer leur ban, ils satisfaisaient à la piété et à la justice. » Dacier.

— 2. Un orateur nommé Aristophon avait fait une loi sous l'archontat d'Euclide : « Que tout citoyen né d'une mère étrangère serait bâtard. »

— 3. Vers d'Amphicrate, auteur d'un poëme sur les hommes illustres.

— 4. Phanias de Lesbos ou d'Érèse, historien et physicien, élève d'Aristote.

— 5. Néanthès de Cyzique, orateur et historien, auteur d'une histoire des hommes illustres.

Page 6 : 1. Les Lycomèdes, famille illustre, chargée du culte de Cérès.

— 2. Phlye, bourg de la tribu Cécropide.

Page 10 : 1. Stésimbrote, de l'île de Thasos, contemporain de Périclès, dont il avait écrit la biographie, ainsi que celles de Thémistocle et de Thucydide. Plutarque le cite également dans les Biographies de Périclès et de Cimon.

— 2. Anaxagore, né à Clazomène, vers l'an 500 avant J. C., après avoir voyagé en Égypte, ouvrit à Athènes, vers l'an 475, une école célèbre où il eut pour disciples Périclès, Euripide, Thucydide et même Socrate, suivant quelques-uns. Accusé d'impiété, il fut condamné à mort, mais sa peine fut commuée en exil. Il mourut à Lampsaque, l'an 428 avant J. C.

— 3. Mélissus, philosophe éléatique, disciple de Parménide et d'Héraclite, né à Samos, florissait vers l'an 450 avant J. C. Commandant la flotte des Samiens, il remporta quelques avantages sur Périclès, mais il ne put empêcher l'asservissement de sa patrie.

— 4. C'est-à-dire les philosophes de l'école ionienne et éléatique, Thalès, Anaximandre, Parménide, etc.

Page 14 : 1. « Ariston, de Chios, disciple de Zénon, le stoïcien, mais disciple un peu infidèle. Il passa sa vieillesse dans les plaisirs, contre les principes de la secte, et composa une *Histoire amoureuse*, où il avait recueilli une foule de traits curieux de cette passion. » A. PIERRON.

Page 18 : 1. Voy. Xénophon, *les Revenus*, chap. I et chap. IV.

Page 20 : 1. « Plutarque tourne en éloge ce que Platon dit comme un blâme. Car il dit crûment dans le IVᵉ livre *des Lois* : De bons soldats de terre, pesamment armés, et qui attendaient l'ennemi de pied ferme, Thémistocle en avait fait des matelots accoutumés, à la moindre alarme, de s'enfuir dans leurs vaisseaux, et d'en descendre de même sans croire faire rien de honteux, n'osant pas s'exposer à la mort en soutenant le choc de l'ennemi. » DACIER.

Page 24 : 1. Allusion au cheval de Troie.

— 2. Hermione, ville de l'Argolide.

Page 26 : 1. Phrynichus, poëte tragique, disciple de Thespis et contemporain d'Eschyle. Il fut le premier qui mit des femmes sur la scène. Ses principales pièces sont *Actéon*, *Alceste* et les *Danaïdes*.

— 2. La quatrième année de la 75ᵉ olympiade, l'an 477 avant J. C.

Page 30 : 1. Zèle, ville de l'Asie Mineure, entre la Cappadoce et le Pont-Euxin. Arthmius, par conséquent, était un Asiatique établi à Athènes, ainsi qu'il ressort d'un passage du discours d'Eschine contre Ctésiphon.

— 2. Chiléos de Tégée en Arcadie décida les Lacédémoniens à s'unir avec les Athéniens contre les Perses.

Page 32 : 1. Tempé, vallée de Thessalie.

— 2. Promontoire de l'île Eubée, aujourd'hui *Egribo*.

Page 34 : 1. Ville maritime sur la côte de Magnésie, près de Pagases, à l'entrée du golfe Thermaïque. Son nom signifie *point de départ :* on dit que c'est de là que partirent les Argonautes.

— 2. Sciathos, petite île de la mer Égée, dans la direction du golfe de Pagases.

Page 36 : 1. Τῆς ἱερᾶς νεώς. La *nef paralienne* que les Athéniens envoyaient tous les ans à Délos.

Page 38 : 1. Artémisium, ville maritime sous le mont Telethrius, près de l'embouchure du Callas. Située sur un rocher, elle fut plus tard nommée Oreus, de ὄρος, *montagne*.

Page 44 : 1. L'isthme de Corinthe.

Page 46 : 1. C'était un serpent sacré, considéré comme le gardien de l'Acropole et nourri dans le temple.

— 2. L'oracle disait : « O divine Salamine, tu seras funeste aux fils des femmes. » Voy. cet oracle dans Hérodote, liv. VII, CLXI.

Page 48 : 1. Trézène, ville de l'Argolide, dans le Péloponèse, à l'entrée du golfe Salonique.

— 2. Un peu plus de vingt-cinq centimes.

Page 50 : 1. Ὀκτὼ δραχμάς. Six francs.

— 2. Clidémus, ou mieux Clitodémus, historien grec, auteur d'une histoire de l'Attique.

— 3. Le bouclier de la déesse, sur lequel était gravé la tête de la Gorgone Méduse.

Page 58 : 1. Γλαῦκα. La chouette était l'oiseau de Minerve, protectrice d'Athènes.

Page 60 : 1. « Je ne sais d'où Plutarque a tiré que ce Sicinus était de Perse. Comment Thémistocle aurait-il confié ses enfants à un barbare ? Platon n'aurait pas manqué de le lui reprocher comme il reproche à Périclès d'avoir fait élever Alcibiade par un esclave de Thrace. Plutarque aura été trompé par une fausse leçon d'un passage d'Hérodote. Cela est d'autant plus vraisemblable, qu'Eschyle, qui était à cette bataille, dit, en parlant de Sicinus : *Un Grec étant venu de l'armée des Athéniens*, dit à Xerxès, etc. *Perses*, v. 335. » Dacier.

Page 62 : 1. Τὰς νήσους. Salamine, Psyttalie, Céos, Égine, Cynosure.

Page 64 : 1. Phanodème, contemporain de Thémistocle, auteur d'une *Histoire de l'Attique.*

— 2. Acestodore, auteur d'une *Histoire grecque.* Il ne faut pas le confondre avec Acestorides, auteur d'un livre sur les *Légendes mythiques des villes.*

— 3. Hérodote dit que Xerxès était assis au pied de la colline Ægalée, en face de Salamine. Son siége n'était pas d'or, mais d'argent. Pris après la bataille, il fut conservé dans le temple de Minerve avec le cimeterre d'or de Mardonius, qui fut pris ensuite à la bataille de Platées.

Page 66 : 1. Πταρμὸς ἐκ τῶν δεξιῶν. Un éternument entendu à droite était considéré par les anciens comme un des présages les plus favorables.

— 2. Ὠμηστῇ. C'est-à-dire *cruel.*

Page 68 : 1. Voyez *les Perses*, vers 341.

Page 70 : 1. Aminias était le frère du poëte Eschyle.

— 2. Décélie, bourg de l'Attique, de la tribu Hippocoontide.

— 3. Pédiée, petite ville de l'Attique.

— 4. Artémise, fille de Lygdamis, reine d'Halicarnasse, avait amené à Xerxès cinq vaisseaux de haut bord. Hérodote parle de cette reine avec de grands éloges. Il ne faut pas la confondre avec la femme de Mausole, reine de Carie, et célèbre par son amour conjugal.

Page 72 : 1. Τὸ Θριάσιον πεδίον. Entre Éleusis et Athènes. Hérodote raconte la même vision avec quelques circonstances différentes.

— 2. Τὰ παράσημα. Les enseignes ou ornements de la proue.

Page 74 : 1. La victoire de Salamine fut remportée la première année de la 75ᵉ olympiade, 480 ans av. J. C., le 20 du mois boédromion, ou le 23 de septembre.

Page 78 : 1. Livre VIII, chap. xciii.

Page 84 : 1. Τοῦ Σεριφίου. Sériphe était le nom d'une île de la mer Égée, aujourd'hui *Scrpho*.

Page 88 : 1. Οἱ πλεῖστοι. Voyez entre autres Thucydide, liv, I, chap. lxxxix et suivants.

Page 90 : 1. Τὴν τῶν λιμένων εὐφυΐαν κατανοήσας. Le Pirée était divisé par la nature en trois bassins, Cantharos, Aphrodisium et Zéa, qui pouvaient ensemble contenir quatre cents vaisseaux.

— 2. Ὡς Ἀριστοφάνης λέγει. Dans la comédie des *Chevaliers*, v. 812.

Page 92 : 1. Pagases, ville maritime de la Magnésie, dans le golfe Pélasgique. Cicéron dit que la flotte grecque hivernait à Gythium, port de Laconie.

Page 94 : 1. Τῶν πυλαγόρων. C'étaient des députés que les cités grecques envoyaient au Conseil des Amphictyons, aux Thermopyles, d'où leur nom.

Page 96 : 1. Andros, une des Cyclades. Voyez Hérodote, liv. VIII, chap. cxi.

Page 102 : 1. Ἐν Μελίτῃ. C'était le quartier d'Athènes habité par la tribu Cécropide ou Œnéide. Aristophane en parle dans ses *Grenouilles*, et Démosthène dans son *Plaidoyer contre Conon*. La maison de Phocion était située dans le même quartier.

Page 104 : 1. Τὰ περὶ Παυσανίαν συμπεσόντα. Voyez la Biographie de Pausanias dans Cornélius Népos, et comparez Thucydide, liv. I, chap. 128 et suivants.

Page 108 : 1. Corcyre, aujourd'hui Corfou.

— 2. Εἴκοσι τάλαντα. Près de 94 000 francs.

— 3. Λευκάδα. Sainte-Maure, vis-à-vis de l'Arcanie, à laquelle elle est jointe par un pont.

— 4. Μολοττῶν. Les Molosses étaient un peuple d'Épire, vis-à-vis du golfe d'Ambracie.

Page 112 : 1. Pydna, ville de Macédoine, sur le golfe Thermaïque.

Page 114 : 1. Naxos, une des Cyclades.

— 2. Ἑκατὸν τάλαντα. Près de 457 000 francs.

— 3. Ὀγδοήκοντα. Environ 373 000 francs.

— 4. Τριῶν ταλάντων. Près de 14 000 francs.

Page 116 : 1. Κύμην, Cymé, ville maritime d'Éolie.

— 2. Ἐργοτέλη καὶ Πυθόδωρον. Deux de ses ennemis politiques.

— 3. Διακοσίων ταλάντων. Plus de 900 000 francs.

Page 120 : 1. Voyez Thucydide, liv. I, chap. cxxxvii.

— 2. Charon de Lampsaque, historien antérieur à Hérodote, cité comme auteur d'une *Histoire des Perses*.

— 3. Éphore, de Cumes en Élide, auteur d'une *Histoire grecque*, un des premiers historiens après Hérodote et Thucydide. — Dinon, contemporain d'Alexandre, auteur d'une *Histoire de Perse*. — Clitarque, fils du précédent. — Héraclide, de Cumes, auteur d'une *Histoire de Perse*.

— 4. Καίπερ οὐδ' αὐτοῖς.... συνταττομένοις. D'après les calculs les plus probables, Thémistocle arriva auprès du roi la première année de la 79ᵉ olympiade, 462 avant J. C.

— 5. Ἀρταβάνῳ. C'était le fils du capitaine des gardes qui venait de tuer Xerxès et de porter Artaxerxès à se défaire de son frère aîné Darius.

Page 124 : 1. Ératosthène de Cyrène, bibliothécaire du roi Ptolémée Évergète, historien, géographe et philosophe.

— 2. Ἐρετρικῆς. Érétrie était une ville de l'Eubée.

Page 128 : 1. Τὸν Ἀριμάνιον. Divinité perse.

Page 134 : 1. Démarate, roi de Sparte, chassé par ses concitoyens, s'était réfugié en Perse.

— 2. Ἠιτήσατο τὴν κίταριν.... διὰ Σάρδεων. Voyez dans *Esther*, chap. vi, l'histoire si connue d'Aman et de Mardochée. Voyez aussi la tragédie de Racine.

Page 136 : 1. « C'était la coutume des anciens rois d'Orient. Au

lieu de pensions, ils donnaient des villes et des provinces, qui devaient tout fournir pour l'entretien de ceux qui en étaient grati-
fiés. Toute l'Égypte fut donnée à une reine pour ses habits. Les
tributs mêmes, que les rois exigeaient des villes et des provinces,
avaient chacun leur destination particulière. Une telle province
payait tant pour le vin, une autre tant pour la viande, celle-là tant
pour les menus plaisirs, et celle-ci tant pour la garde-robe. Dans
le *Premier Alcibiade* de Platon, on voit que la plupart des provinces étaient destinées à fournir la garde-robe de la reine : l'une
était pour sa ceinture, l'autre pour son voile, l'autre pour d'autres habits, et chacune de ces provinces portait le nom des parures
qu'elle fournissait. Artaxerce donna à Thémistocle Magnésie pour
son pain ; car elle était dans le terroir de l'Asie le plus fertile en
froment, sur le fleuve Méandre. Thucydide marque que Thémistocle en tirait cinquante talents , c'est-à-dire cinquante mille écus.
Lampsaque était pour le vin ; car c'était le plus beau vignoble
de l'Asie , et Myonte pour la viande , dont elle était très-bien
fournie : elle abondait surtout en poisson, à cause du voisinage de
la mer. » DACIER.

Page 140 : 1. Δινδυμένης. Surnom de Cybèle, la déesse de Dindyme.

Page 146 : 1. Ὡς ἔνιοι. Voyez Thucydide, liv. I, chap. cxxxviii.

— 2. Dans le *Ménon*, où Platon, pour prouver que la vertu ne
peut être enseignée , et que c'est un don du ciel, cite l'exemple de
Cléophante, excellent homme de cheval, mais très-vicieux du reste.

Page 148 : 1. Τάφον μὲν.... Μάγνητες ἔχουσι. Voyez Thucydide,
liv. I, chap. cxxxviii.

— 2. Andocide, un des dix grands orateurs attiques.

— 3. Phylarque, contemporain de Ptolémée Évergète, auteur
d'une histoire de la Grèce.

Page 150 : 1. Κατὰ τὸν Ἄλκιμον. On croit que c'est le nom de
quelque héros. Certains éditeurs proposent de lire Alime, bourg
de la tribu Léontide, dont il est question dans Pausanias.

FIN.

Paris. — Imprimerie de Ch. Lahure, rue de Fleurus, 9.

www.ingramcontent.com/pod-product-compliance
Lightning Source LLC
Chambersburg PA
CBHW052054090426
42739CB00010B/2180